AMRA

MANFRED MOHR

Vergeben Versöhnen Verzeihen

Frieden beginnt in uns selbst

Neue Anwendungsformen der Herzenstechnik Ho'oponopono

Vorwort von Jeanne Ruland

AMRA

Brandheiße Infos finden Sie regelmäßig auf:
www.facebook.com/AMRAVerlag

Besuchen Sie uns im Internet:
www.AmraVerlag.de

Eine Originalausgabe im AMRA Verlag
Auf der Reitbahn 8, D-63452 Hanau
Hotline: + 49 (0) 61 81 – 18 93 92
Service: Info@AmraVerlag.de

Herausgeber & Lektor	Michael Nagula
Einbandgestaltung	Guter Punkt
Layout & Satz	Birgit Letsch
Druck	CPI books GmbH

ISBN Printausgabe 978-3-95447-379-3
ISBN eBook 978-3-95447-380-9

Inhalt

Vorwort

Dieses Buch erfasst den Puls unserer Zeit. Schon die ersten Zeilen sind so fesselnd, dass man es nicht mehr aus der Hand legen mag.

Ich kenne Manfred Mohr seit Jahren. Seine Arbeit und die Zusammenarbeit mit ihm schätze ich sehr. Wir standen oft gemeinsam auf der Bühne und haben auch miteinander Seminare zum Ho'oponopono gegeben. Mit seiner Frau Bärbel Mohr hat er im deutschsprachigen Raum bereits vor einigen Jahren eine Kurzform der Vergebungsarbeit – das Hoppen, wie sie es damals nannten – publik gemacht und praktiziert. Es verbreitete sich wie ein Lauffeuer und gab vielen Menschen erstmals einen Schlüssel zu tiefen inneren Erkenntnisprozessen und zur eigenen freien Lebensgestaltung in die Hand.

Manfred ist ein Meister der Vergebungs- und der Versöhnungsarbeit. Das erkennt man, wenn man seine Bücher liest, und es überrascht einen nicht, dass er es auch im tatsächlichen Leben ist. Unablässig forscht er auf diesem Gebiet und kommt zu neuen, wundervollen Erkenntnissen, die er zu möglichst einfachen und eingängigen Methoden macht und an uns alle weitergibt. Sein theoretischer und praktischer Erfahrungsschatz sind unermesslich.

Das ist vielleicht das Wundervollste an Manfreds Arbeit: Was er in seinen Büchern und Seminaren weitergibt, ist verständlich, praktisch und leicht anwendbar. Deshalb sind die Hilfestellungen, die wir dadurch erfahren, auch unbezahlbar und einfach nur großartig. Ich kann das von ihm wiederentdeckte Wissen und seine Anwendungsmethoden nur von ganzem Herzen empfehlen. Um sein Leben glückeinwärts zu gestalten, gute Beziehungen zu führen und alleine oder gemeinsam auf gütige, liebevolle und mitfühlende Weise durchs Leben zu gehen, ist diese Vergebungsarbeit einfach unerlässlich.

Mit uns allen und durch uns alle dämmert das Zeitalter des Friedens herauf. Vergebungsarbeit ist Friedensarbeit. Für die Menschen und die Welt. Das ist eine grenzenlose Chance, denn so gestalten wir durch Vergeben, Versöhnen, Verzeihen die Welt neu.

Ich danke Manfred Mohr sehr für dieses Buch, in dem ich ganz neue interessante und vortrefflich anwendbare Werkzeuge der Versöhnungsarbeit gefunden habe. Möge sein Werk ein großer Segen sein und viele Menschen weltweit inspirieren.

In Liebe und Verbundenheit

Jeanne Ruland

Eine kleine Einleitung

»Gewaltlosigkeit erfordert einen doppelten Glauben: den Glauben an Gott und den an den Menschen.« – Gandhi

»Vergib immer deinen Feinden. Nichts hassen sie mehr.« – Oscar Wilde

➤ Seit nunmehr zehn Jahren gebe ich Seminare zum hawaiianischen Ho'oponopono. Übersetzt bedeutet dieses eigenartige Wort ungefähr: »etwas tun, um innerlich in Frieden zu gelangen«. Diese Vergebungstechnik versteht es, auf sehr leichte und einfache Weise Probleme mit anderen aufzulösen, indem wir diese Menschen einfach in unser Herz nehmen. Bereits vielen Tausenden ist es auf diese Weise gelungen, ihre zwischenmenschlichen Beziehungen zu klären, zu heilen und zu verbessern. Es ist eine große Freude für mich, zu dieser Entwicklung einen kleinen Beitrag leisten zu dürfen.

Mit der Zeit und während der praktischen Anwendung haben sich zahlreiche erzählenswerte Erfolgsgeschichten von

Teilnehmern bei mir angesammelt und außerdem sind so viele neue und verwandte Techniken hinzugekommen, dass ich hiermit zu diesem kleinen Jubiläum einen Überblick über dieses Jahrzehnt geben möchte.

In *Vergeben, Versöhnen, Verzeihen* befasse ich mich vor allem mit der Kraft der Liebe und der Akzeptanz. Beide sind für mich untrennbar miteinander verbunden, denn wenn ich einen Menschen liebe, dann nehme ich ihn so an, wie er ist. Das große Wort Liebe ist für mich am besten als Akzeptanz verstehbar. Wobei ich schon hier darauf hinweisen möchte: Akzeptanz ist vor allem eine Sache des Gefühls, sie findet in unserem Herzen statt. Ich kann zwar sagen, dass ich einen anderen akzeptiere, aber wenn die Liebe des Herzens dabei fehlt, bleibt es eben nur bei einem mentalen Lippenbekenntnis. Und das Gefühl beim anderen, geliebt und angenommen zu sein, ist letztlich der Ursprung dafür, dass sich die Beziehung zu ihm verbessert und zum Frieden hin entwickelt.

Ho'oponopono beruht auf dieser mysteriösen Kraft der Liebe, die uns allen zur Verfügung steht und die wir noch viel zu wenig kennen. Daher rührt wohl auch das Missverständnis, wenn ich mich in Akzeptanz übe, machte ich mich zum Opfer und wäre den Umständen hilflos ausgeliefert. Dann »tue« ich in diesem Sinne ja nichts.

Dabei ist das Gegenteil der Fall. Jeder, der sich mit Vergebung und Ho'oponopono beschäftigt, kommt früher oder später an den Punkt zu erkennen, wie machtvoll Liebe und Akzeptanz sind. Mit ihrer Hilfe wird es möglich, Probleme zu lösen, an denen wir uns vielleicht schon jahrelang die Zähne vergeblich ausgebissen haben.

Wenn ich im Herzen bin, bemerkt der andere unsere Verbundenheit und handelt anders. Wenn ich in Frieden bin, spürt der andere dies sofort und begräbt das Kriegsbeil. Darum ist Akzeptanz so kraftvoll, es verbindet mich mit meinem Gegenüber emotional, und wenn ich dann spreche oder handle, berührt es den anderen in viel tieferer Weise. Eckhard Tolle ist sogar der Meinung, dass, wenn wir in vollständiger Akzeptanz leben, mit allem, was ist, dies das Ende aller Dramen in unserem Leben sei!

Vergebung ist eine Sache des Gefühls. Auf den Unterschied zwischen Vergeben, Versöhnen und Verzeihen möchte ich dabei gar nicht weiter eingehen. Dies würde aus meiner Sicht nur zu mentalen Spitzfindigkeiten führen, die uns davon abhalten könnten, ins Herz zu finden. Nehmen wir diese Begrifflichkeiten vielmehr zum Anlass, Akzeptanz zu üben. Jeder Mensch ist anders, und jeder mag den einen Begriff mehr und den anderen weniger. Statt uns über richtig und falsch zu streiten und welches dieser Wörter besser oder schlechter geeignet ist, schauen wir doch auf unser gemeinsames, fühlbares Ziel: *den Frieden im Herzen zu finden und zu stärken!*

Darum wird es in unserem neuen Jahrtausend nämlich immer mehr gehen.

Die Qualität unserer Zeit hat sich jetzt grundlegend verändert. Wir alle sind, vielleicht ohne es groß zu bemerken, sehr viel fühlender geworden und spüren heute mehr, wie wenig uns selbst der Streit mit einem anderen gut tut. Darin ist sicherlich ein wesentlicher Aspekt des Erfolgs begründet, den Ho'oponopono mittlerweile genießt.

Natürlich kommt ein Buch über Vergebung nicht ohne das klassische Ho'oponopono aus, und in Kapitel 2 soll es zu seinem guten Recht kommen. Außerdem gehe ich darauf ein, warum Vergebung ganz allgemein nutzbringend und sinnvoll ist und welche Vorteile es bietet.

Einen Schwerpunkt des Buchs bildet auch die verwandte Vergebungstechnik des Hoppens, das ich gemeinsam mit meiner verstorbenen Frau Bärbel erstmals in unserem Buch *Cosmic Ordering – die neue Dimension der Realitätsgestaltung nach dem alten hawaiianischen Ho'oponopono* im Jahr 2008 beschrieben habe. Hoppen konzentriert sich vor allem auf die Liebe in unserem Herzen und hilft uns, den eigenen Anteil zu akzeptieren, den wir an einem zwischenmenschlichen Problem mit anderen haben.

Danach erläutere ich, welche Rolle unsere Gefühle beim Vergeben und Akzeptieren haben. Als Menschen sind wir über unseren Gefühlskörper viel enger miteinander verbunden, als wir bisher angenommen haben.

Anschließend befassen wir uns näher mit dem Hoppen. Zu ihm gehören zwei fundamentale Grundtechniken, die Herzens- und die Verständnistechnik, die ich eingehend beschreibe. Beiden gemeinsam ist, uns dabei ganz mit unserem Herzen zu verbinden und die dort befindliche Liebe zu spüren und wahrzunehmen. Wenn wir uns ganz auf unser Herz einlassen, vermögen wir sogar, die leise Stimme unseres Herzens zu hören, die uns immer etwas zu sagen hat.

Die Verbindung, die uns unser Gefühl über den gemeinsamen Gefühlskörper schenkt, führt dazu, dass wir uns im anderen Menschen nur allzu leicht spiegeln können. Wir verdrehen dabei die eigene Schuld auf den anderen und werfen sie ihm vor. Beim Hoppen ist es deshalb gar nicht leicht zu sagen, ob wir dem anderen oder uns selbst vergeben. Im Grunde ist es ohnehin ein und dasselbe, in der Liebe verschmelzen wir mit dem anderen. Und die Frage, wo das »ich« anfängt und das »du« endet, stellt sich dann nicht mehr.

Darum befassen wir uns auch eingehender mit dem großen Thema Schuld. Wir betrachten seinen Ursprung, trennen uns dabei von der kirchlichen Sichtweise und finden in der Urform des Vaterunsers eine Antwort, die das Konzept von Schuld gänzlich in Frage stellt.

Im weiteren Verlauf kommen wir dem Kern des hawaiianischen Vergebungsrituals näher, indem wir es als das betrachten, was es dem Grunde nach ist: ein Gebet zur Schöpfung. Nicht mehr und nicht weniger.

Wir bitten darin Gott, unser falsches Denken wieder richtig zu stellen und es uns zu vergeben.

Gegen Ende des Buches wird uns hoffentlich klar sein, dass die Verbindung zur uns umgebenden Welt viel größer ist, als wir bisher angenommen haben. Wir stehen auch in engem Kontakt zur uns umgebenden und nur scheinbar unbelebten Natur. Über unser Gefühl sind wir mit allem verbunden und können das Hoppen selbst hier erfolgreich anwenden.

Abschließend lade ich dazu ein, das Vergebungsritual Ho'oponopono als sehr viel mehr ansehen als nur eine einfache Technik. Es ist für mich zu einer Weltanschauung geworden, zu einer grundsätzlichen Lebenseinstellung, die uns helfen kann, unser persönliches Glück zu finden.

In unserer viel zu schnelllebigen Zeit möchte ich mit diesem Buch dazu auffordern, wieder mehr nach innen zu gehen und uns mehr mit unserem Herzen zu verbinden. Wir können hier alles finden, was wir so dringend im Außen suchen: Gelassenheit, Ruhe, Entspannung, Geborgenheit und – nicht zuletzt – Antworten auf die wirklich wichtigen Fragen unseres Lebens. Neugierig geworden? Nun, das hoffe ich doch sehr. Denn:

»Es gibt Wichtigeres im Leben, als beständig dessen Geschwindigkeit zu erhöhen.« – Gandhi

In Verbundenheit, aus dem Herzen

Manfred Mohr

1

Wir leben in einem neuen Zeitalter

»Sei du selbst die Veränderung, die du dir wünschst für diese Welt.« – Gandhi

»Sei gut zu dir und vergib dem anderen.« – Buddhistische Weisheit

➤ Aktuell leben wir in einer Zeitqualität, die uns immer bewusster werden lässt, welche bisher noch unbekannten Kräfte in uns schlummern. Eine wachsende Anzahl von Menschen macht sich auf den Weg des Herzens und entdeckt die Kraft der Liebe, um positive Veränderungen in unserer Welt bewirken zu können. Die spürbar werdende Liebe führt dazu, dass in den sich vergrößernden Herzen immer mehr Raum für andere entsteht. Steigendes Wohlwollen und wachsende Akzeptanz gehen damit im Umgang mit dem anderen Menschen einher. Und ganz selbstverständlich spielt auch die Vergebung dabei die vielleicht wichtigste Rolle, lernen wir sie doch alle in unserer neuen Zeit immer mehr zu beherzigen und gegenüber anderen zu zeigen.

Seit einigen Jahren befinden wir uns in einem Übergang, der unser Leben nachhaltig beeinflusst. Dabei geschehen bereits Veränderungen, die jedoch so langsam und schleichend stattfinden, dass viele von uns sie noch gar nicht bemerken konnten. Nun stehen wir alle gemeinsam an dieser Schwelle, bei der es vor allem darum geht, sich bewusster zu werden darüber, wer wir sind und welchen Einfluss wir auf diese Erde nehmen können. Nicht von ungefähr habe ich darum das Zitat von Gandhi an den Angang dieses Kapitels gesetzt. Wenn wir die Welt verändern möchten, dann sollten wir dabei an dem vielleicht wichtigsten Ort beginnen, an dem uns dies wahrhaftig möglich ist: Bei uns selbst. Fassen wir uns darum schon jetzt, zu Beginn dieses Buches, an die eigene Nase.

Veränderung kann nur bei uns selbst beginnen.

Dieses neue Bewusstsein bedeutet, wir haben unser Leben selbst in der Hand. Was auf den ersten Blick wie eine Binsenweisheit erscheinen mag, bekommt eine neue Tiefe, wenn ich hinzufüge: *Ja, wir können selbst etwas tun. Ja, wir können unser Leben zum Guten verbessern.* Dieses »Tun« ist aber weniger auf unser äußeres Handeln bezogen und zum Beispiel keineswegs im guten schwäbischen Sinne als »Schaffe, schaffe, Häusle baue« gemeint. Nein, eher ganz im Gegenteil, es ist eine innerliche Arbeit an uns selbst. In unserer neuen Zeit wenden wir uns viel mehr unseren Gedanken und Gefühlen zu und »arbeiten« viel häufiger in unserem Inneren. Dabei verändern wir unseren Blickwinkel und lernen, auf neue Weise zu sehen. Carl Gustav Jung hat in diesem Zusammenhang den Ausspruch geprägt, dass, wer nur nach außen schaut, träumt, und wer nach innen schaut, erwacht.

Dieses »Erwachen« hat mit der wachsenden Bewusstheit zu tun, dass wir durch diesen vermehrten »Blick nach innen« tatsächlich etwas in unserem Leben zu ändern vermögen. Jeder von uns, du und ich, sind ein Teil dieser Entwicklung. Und wir werden dabei zu vielen kleinen Zahnrädern, die ineinander greifen und deren Kraft sich damit potenziert.

Wir alle können unser Scherflein dazu beitragen, in unserem direkten Umfeld für eine Verbesserung zu sorgen, und sei sie noch so klein. Ja, wir sollten es sogar, im Sinne Mutter Teresa, die so treffend meinte, nicht jeder könne große Dinge in seinem Leben tun. Aber wir alle können kleine Dinge tun, und das mit ganz viel Liebe. Und diese vielen kleinen Dinge werden dann zu einer großen wirksamen Bewegung, die das neue Zeitalter hervorbringt und es sehr stark prägen wird.

Wenn viele Menschen viele kleine Dinge tun, kann etwas Großes und Wundervolles dabei entstehen.

Dieses Wunder geschieht aus uns selbst. Aus einem jeden von uns. Es kann aber erst geschehen und geschieht immer öfter, wenn wir auch wirklich diese Veränderung der Perspektive vornehmen und uns immer bewusster unserem Inneren zuwenden und damit der Kraft, die hier schlummert. Wir wenden uns dabei unserem Herzen und unserer Liebe zu, die darin wohnt. Und die nur darauf wartet, für uns wirksam werden zu können. Es ist allein unsere Entscheidung.

Und damit – unsere alleinige Verantwortung!

Es ist unsere Entscheidung, den alten Wegen immer weiter zu folgen und dabei nur nach außen zu schauen. Oder ob wir uns der Kraft der Liebe in unserem Inneren zuwenden und damit unseren neuen, noch weitgehend ungewohnten Möglichkeiten. Es scheint vermeintlich wenig zu sein, immer wieder die Liebe in uns wachzurufen und sie zur Hilfe zu bitten. Aber beherzige Mutter Teresas Satz und bedenke: Wir können vielleicht wirklich nur kleine Dinge tun, aber das sollten wir auch, denn jeder von uns kann und sollte seinen Beitrag zur Gesamtentwicklung beisteuern.

Statt immer nur weiter den alten ausgetretenen Pfaden unserer Vorgänger zu folgen, lädt uns die Liebe zu geheimnisvollen und wunderbaren inneren Wegen ein. Diese Wege sind uns noch neu und sicherlich brauchen wir einen gewissen Mut, sie auch wirklich zu gehen. Zum Glück ist das Universum so freundlich und gibt uns ein aufmunterndes Feedback, indem es uns mit kleinen und größeren Wundern beschenkt und damit eindeutig ermuntert: *Du bist auf dem richtigen Weg! Folge weiter den Impulsen deines Herzens!*

❧ ❧ ❧

Als Appetithappen hier gleich mal drei kleine Beispiele, wie die Liebe wirken kann, wenn wir sie beim Vergeben einladen (in den nächsten Kapiteln erfährst du dann noch, wie das genauer funktioniert):

❧ *Frieda* ist alleinerziehend mit drei Kindern und darum auf Unterstützung vom Sozialamt angewiesen. Ihre Sachbearbeiterin war beim Erstgespräch extrem unfreundlich zu ihr und gab ihr damit Gelegenheit, mit Vergebung und der Kraft der Liebe zu experimentieren. Beim nächsten Gespräch auf dem Amt war die Sachbearbeiterin wie ausgewechselt, lächelte freundlich und bot ihr sogar einen Kaffee an. Selbstredend bekam Frieda dann auch die nötige finanzielle Unterstützung, die sie so dringend brauchte.

❧ *Carolin* arbeitet im Personalwesen und sollte in ihrer großen Firma einen Mann wieder eingliedern, der längere Zeit wegen Krankheit ausgefallen war. Der Mann verhielt sich jedoch sehr unhöflich und der Umgang mit ihm gestaltete sich als so schwierig, dass sie einmal ausprobierte, ihn ins Herz zu nehmen und mit Vergebung zu arbeiten. Nach ein paar gemeinsam verbrachten Tagen machte er der verdutzten Carolin plötzlich das Angebot, nach der Arbeit mit ihm essen zu gehen. Er wolle sie gern näher kennenlernen! Und hatte sich völlig verwandelt!

❧ *Stephan* war unglücklich, da sein Sohn nur wenig mit ihm sprach und er sehr gern mehr Zugang zu ihm hätte. Im Seminar brachte er dies zur Sprache und wir »hoppten« (eine Variante des Ho'oponopono) das Problem alle gemeinsam für ihn, wir nahmen das Thema in unser Herz. Am nächsten Tag (es war ein Ferienseminar über knapp eine Woche) berichtete er freudestrahlend, sein Sohn habe ihm eine Nachricht auf sein Handy geschickt, er wolle baldigst mit ihm reden, sobald er wieder zu Hause angekommen sei. Also: ein voller Erfolg! Stephan grinste über das ganze Gesicht, als er es erzählte.

❧ ❧ ❧

Die Liebe besitzt also tatsächlich eine sehr wirksame Kraft, die Dinge unseres Lebens zum Positiven zu verändern. In ihrer erstaunlichen Wirkung erinnert sie mich an den Ausspruch von Archimedes: »*Gebt mir einen Hebel, der lang genug, und einen Angelpunkt, der stark genug ist, dann kann ich die Welt mit einer Hand bewegen.«* Die ganze Welt wird bewegt von einer einzigen Hand, wenn ich weiß, wie ich es anstellen muss. Wenn ich mir der neuen Technik nur erst wirklich bewusst werde. Dann kann die Liebe zu einem Hebel werden, der buchstäblich die Welt aus ihren Angeln zu heben vermag.

Liebe ist etwas Wunderbares und Wunder sind ein Ausdruck der Liebe, die in uns wirkt.

In meinen Vorträgen verwende ich dazu gern ein Bild: »Stell dir vor, du bist in einem stockfinsteren Raum, gemeinsam mit Hunderten von Menschen. Es genügt, wenn nur einer davon das Licht anschaltet, und es wird mit einem Schlag für alle hell.« Genauso wirkt die Liebe, wenn wir sie im Herzen entzünden und einladen, zum Guten zu wirken.

Um ein zweites Bild zu zeichnen: Ich stelle mir vor, das Universum verfügt über einen großen Bildschirm, so wie ein Flughafen bei der Flugüberwachung, und immer, wenn ein Mensch in die Liebe und in sein Herz findet, leuchtet auf diesem Radarschirm ein großer blinkender Punkt auf. Wenn du das Universum wärst, würdest du da nicht auch neugierig werden und mal ganz interessiert nachschauen, was denn wohl Seltsames passiert ist mit diesem Erdbewohner? Genauso verhält sich das Universum wohl auch, denn es schaut diesem Menschen dann direkt in sein Herz und erfüllt ihm seine Wünsche. Oder genauer gesagt: seine »Bestellungen beim Universum«. Jede erfüllte Bestellung grenzt in sich ja bereits an ein Wunder, immer wieder aufs Neue.

Für mich ist darum besonders an den Bestellungen beim Universum abzulesen, wie sich die Zeitqualität in den letzten Jahren verwandelt hat. Um genauer zu sein, in den letzten zwanzig Jahren. Wie sich die Art des Bestellens in diesen zwei Jahrzehnten verändert und an die neue Zeit angepasst hat, ist dabei ebenso interessant wie der Moment, als es das Licht der Welt erblickte. Denn das erste Buch *Bestellungen beim Universum* erschien kurz vor der Jahrtausendwende, Mitte 1998, und war damit sowohl Ausdruck wie auch Wegbereiter des neuen Zeitalters. Damals wurde schon beschrieben, dass Bestellungen am besten geliefert werden, wenn der Wünschende im Grundgefühl von Liebe und Dankbarkeit ist.

Die Kraft der Liebe steckte also schon ganz zu Anfang hinter den Bestellungen, aber sie vermag noch sehr viel mehr. Wenn nämlich damals der Ansatz eher lautete: »Ich wünsche mir etwas«, so ist heute viel deutlicher geworden, um was es dabei eigentlich geht. Nun formuliere ich noch treffender: »Ich wünsche etwas, für alle Menschen.«

Was damals als eher mentale Technik des positiven Denkens begann und mehr auf die eine wünschende Person allein bezogen war, ist heute zu einer Herzensangelegenheit geworden, die einen viel größeren Kreis von Menschen mit hinzuzieht. Und nur so kann die Kraft der Liebe wirken, die vom Himmel ursprünglich für andere Menschen gedacht ist und nicht mehr nur allein für uns selbst.

In der neuen Zeit stellen wir unsere Liebe immer mehr anderen Menschen zur Verfügung.

Die Veränderung, die etwa seit dem Jahrtausendwechsel wirksam ist, betrifft vor allem die Auflösung unseres alten Bewusstseins, alles nur für uns zu wollen. Heute steht nicht mehr allein das Wohl des Einzelnen, sondern vielmehr das Wohl der Gemeinschaft im Vordergrund.

Unser Gefühl vermittelt uns immer deutlicher, dass wir die kommenden Probleme unserer Welt nur lösen können, wenn wir ein übergeordnetes Bewusstsein entwickeln, in dem klar ist, wir bewohnen zusammen eine gemeinsame Welt.

Jeder von uns wird mehr und mehr zum Weltbürger, dem die Probleme anderer nicht mehr egal sein können. Umweltschutz wie Flüchtlingsproblematik betreffen uns alle, unabhängig von Herkunft und Gesinnung. Und Lösungen für diese Welt werden daher in einem *ganzheitlichen* Zusammenhang stattfinden und gefunden werden, der *allen* Menschen zu Gute kommt.

Die Liebe lässt die Menschen unseres Planeten immer enger zusammenrücken.

Wer Freude daran hat, kann den Übergang vom alten ins neue Jahrtausend auch numerologisch betrachten. Von 1999 nach 2000 veränderte sich die Jahreszahl grundsätzlich, während bis dahin eine »1« das Jahrtausend bestimmte, ist es nun die Zahl »2«. Die Zahl 1 steht für den Chef, den Erneuerer und den, der vorne geht. Die 1 ist damit eher egoistisch veranlagt und will vor allem alles nur für sich. Mit der Zahl 2 treten wir aber nun in eine andere Haltung ein, denn die Zwei fragt viel öfter: »Ich und du, was ist für uns das Beste?« Die Zwei ist mehr auf den anderen Menschen gerichtet und kümmert sich auch um dessen Wohl. Im Jahrtausend der Zahl 2, also in unserer neuen Zeit, spüren wir viel mehr den anderen und stellen fest: »Wie soll es mir gutgehen, wenn es dem anderen Menschen neben mir nicht so gut geht?«

Im neuen Jahrtausend rückt das Wohl des anderen immer mehr in den Vordergrund.

Heute erkennen wir sehr viel besser, wie eng wir über unser Gefühl mit den Menschen unserer Umwelt in Wechselwirkung stehen. Vergebung zu üben hat darum den nutzbringenden Effekt, sowohl mir selbst wie auch dem anderen Gutes zu tun. Darum habe ich zum Einstieg in dieses Kapitel auch die buddhistische Weisheit »*Sei gut zu dir und vergib dem anderen*« zum Motto gewählt.

Der andere, der Mensch an meiner Seite, wird mir in unserer neuen Zeit immer öfter Gelegenheit bieten, liebevoll und vergebend mit ihm umzugehen. Darum habe ich den Begriff »Entwicklungshelfer« für ihn geprägt. Ein Mensch, der im Umgang für mich besonders schwierig ist, gibt mit umgekehrt nämlich die Möglichkeit, mir bei meiner inneren Entwicklung hin zur Liebe zu helfen. Dieser zwischenmenschliche Aspekt ist so eminent wichtig, dass ich ihn hier näher beleuchten möchte. »Beleuchten« ist ein treffender Begriff an dieser Stelle, denn es geht um unsere Dualität und damit um Licht und Schatten.

In der Welt, die jeden von uns umgibt, sind wir ständig mit Ablehnungen und Schattenseiten konfrontiert. Jedem von uns fällt es dabei manchmal schwer, ganz bei uns, im Herzen und in unserer Mitte, zu bleiben.

Davon unberührt bleibt aber das Wissen, wenn ich in der Liebe bin, wird mir die Liebe da draußen auch immer mehr begegnen. Meister Eckhard hat dies sehr treffend formuliert:

Alle Liebe dieser Welt ist auf Selbstliebe begründet.

Mit anderen Worten: Die Liebe, die uns in unserer Umwelt begegnen soll (und wer wünscht sich das nicht?), sie kommt ursprünglich aus uns selbst. Eva Maria Zurhorsts Buchtitel bringt es auf den Punkt: *Liebe dich selbst und es ist egal, wen du heiratest.*

Dem Resonanzprinzip zufolge ist dem wohl eigentlich nichts mehr hinzuzufügen. Dachte ich jedenfalls bisher. Nun kommt aber eine neue, bisher weitgehend unbekannte Komponente dazu, sozusagen ein zweiter Schritt. Und diese neue Facette ist sehr wichtig für unsere neue Zeit.

Uns allen begegnet da draußen, in unserem täglichen Leben, nämlich das wohlbekannte Sammelsurium an positiven und eben auch mal nicht so positiven Geschehnissen und Erlebnissen. Auch wir selbst sind manchmal nicht gut drauf, genervt, haben Hunger oder die letzte Nacht schlecht geschlafen. In der Dualität von Licht und Schatten, in der wir alle leben, empfinden wir dies als ganz normal. Unsere eigene Gereiztheit und Gemeinheit, die dann unsere schlechte Laune nach sich zieht, legitimieren wir damit nur zu gern, die von anderen Menschen hingegen nehmen wir auch mal krumm, sind wir doch alle im Grunde mehr oder weniger schnell verletzt und angreifbar.

Die neue Sichtweise, die ich hier anbiete, beruht nun auf einem simplen Gedankenexperiment: Mal angenommen, ich wäre immer und alle Zeit Licht und Liebe. Dann wäre das für mich gleichbedeutend mit dem Bild einer Taschenlampe, die im Dunkeln einen runden Lichtkegel auf dem Boden vor uns verbreitet. Dieser Lichtkegel ist aber umrahmt von Dunkelheit und zeichnet damit unentwegt eine klare Grenze zwischen Hell und Dunkel. Wohin er auch leuchtet. Wo soll denn die Dunkelheit bei all dem Licht dieser Lampe auch anders hin? In unserer Dualität muss es ja als Ausgleich zum Licht ebenfalls die Dunkelheit, den Schatten, geben.

Wo viel Licht ist, da entsteht im Ausgleich genau so viel Schatten.

Auf mich als Menschen übertragen bedeutet dies, je heller mein inneres Licht und meine Bewusstheit leuchten, umso mehr wird auch der Schatten stärker, denn es braucht den dualen Ausgleich. Das ist ein Naturgesetz. Ähnlich wie der Lichtkegel bei einer Taschenlampe wird mein Licht sich zwar ausbreiten, aber stets umgrenzt sein von Dunkelheit. So groß der Radius meiner Ausstrahlung auch reichen mag, immer wird er an eine Grenze treffen.

Und meine Einladung lautet nun, dies als Herausforderung zu sehen, statt daran zu verzweifeln. Auch dorthin möchte ich mein Licht und meine Liebe strahlen lassen. Dann wird mein Licht noch größer werden und sich ausbreiten. Ich kann diesen schwierigen Menschen vielleicht als dumm und unbewusst beschimpfen und damit ablehnen. Immer lehne ich damit aber einen eigenen, unbewussten Teil von mir selbst ab. Und wachse damit nicht, sondern trete auf der Stelle. Später gehen wir noch eingehender darauf ein.

Meine Liebe will wachsen. Vielleicht ist das eine der prägnantesten Formulierungen für den Grund, warum wir alle hier auf diesem Planeten sind. In unserer Welt der Dualität werden unser Licht und unsere Liebe immer aufs Neue herausgefordert, und es ist an uns, daran Stärke zu entwickeln oder zu verzweifeln. In Arabien sagt man darum sprichwörtlich: »*Der Sturm lässt die Kerze erlöschen, aber er facht das Feuer an!*« Wenn die Liebe in unserem Herzen groß genug geworden ist, dass sie zu einem Feuer auflodert, wird der Sturm, in dem wir jeden Tag stehen, zur Herausforderung, diese Liebe noch größer werden zu lassen. Hin zu den Bereichen unseres Selbst, die noch unbewusst sind und nur darauf warten, erkannt und als unser Potenzial wachgeküsst zu werden.

Herausforderungen im Leben geben uns die Möglichkeit, Liebe und Vergebung zu üben.

Wie jeder von sich genau weiß, sind auch wir nicht dauernd im Licht, sondern manchmal im Licht und manchmal im Schatten. Unsere Taschenlampe leuchtet mal sehr hell, wenn wir gut drauf sind, und dann mal wieder nicht und scheint nur noch schwach ins Dunkel. Wir alle sind Teil dieser Dualität und darum gefordert, mit Licht wie auch Schatten unserer Umwelt umzugehen, die uns immerfort begegnet. Den Schatten da draußen abzulehnen bedeutet nur, den eigenen Schattenanteil zu bekämpfen, der uns noch unbewusst ist. Genau darum projizieren wir ihn nach außen und lehnen ihn zumeist ab.

Meiner Ansicht nach ist das die vielleicht größte Herausforderung unserer neuen Zeit, die sich jedem in den nächsten Jahren stellen wird. Um Licht und Liebe immer mehr werden lassen zu können, präsentiert uns das Universum den eigenen Schatten in Form von Menschen, die uns begegnen. So wie Motten vom Licht angezogen werden, ziehen wir Menschen und Erlebnisse an, die uns unbewusst entsprechen, um über uns selbst hinauszuwachsen – indem wir uns in Liebe und Vergebung üben, gerade dem gegenüber, was wir ablehnen, verurteilen und am wenigsten mögen.

Die wichtigste Übung, um in den Stürmen der neuen Zeit im Herzen zu bleiben und innerlich stabil zu werden, ist für mich der Kreuzatem. Ich empfehle dir wirklich, ihn zu praktizieren und zu spüren, wie es dir mit ihm geht. Er schenkt dir ein inneres Zentrum und macht dich stärker, um immer mehr bei dir bleiben zu können, wenn die Außenwelt mal wieder turbulent zu werden droht. Mach die Übung gern mal zwischendurch, mit ein wenig Praxiserfahrung kannst du sie dann auch beim Autofahren, in der Bahn oder auf dem Bürostuhl immer wieder einfließen lassen.

Übung: *Der Kreuzatem*

Setze dich bequem auf einen Stuhl oder dein Meditationskissen und beginne zu atmen. Verfolge deinen Atem mit deiner Aufmerksamkeit und sprich innerlich begleitend zu deinem Atem: »Ich atme ein, ich atme aus.« Nach einer Minute, wenn du dich etwas entspannt hast, stell dir vor, ganz oben im Himmel einzuatmen: »Ich atme aus dem höchsten Himmel ein in mein Herz.« Dann atme in die Mitte der Erde aus und sage dabei: »Ich atme in die tiefste Tiefe der Erde aus.« Und weiter: »Ich atme aus der Mitte der Erde ein in mein Herz und atme in den höchsten Himmel wieder aus.«

Diese vier Atemzüge wiederholst du einige Male, bis sie dir in Fleisch und Blut übergegangen sind. Wie geht es dir dabei?

Anschließend gehen wir einen Schritt weiter und atmen zusätzlich in die Horizontale. Sprich innerlich: »Ich atme im höchsten Himmel ein und in die Tiefe der Erde aus. Ich atme aus der Mitte der Erde ein in mein Herz und …« – nun, neu – »… nach links ganz weit horizontal aus und von links wieder ein in mein Herz. Dann atme ich aus dem Herzen nach rechts aus und von rechts wieder ein.« Atme abschließend wieder nach oben aus. Damit ist der Kreuzatem vollständig.

Bleib für einige Minuten in diesem Atemrhythmus.

Spüre in dich hinein: Wie fühlt sich dein Körper an, wenn du auf diese Weise atmest?

Atme immer wieder, wenn du innerlich unruhig wirst, diesen Atem. Er stärkt deine innere Mitte, beruhigt dich und gleicht deinen Gefühlskörper aus. Am besten funktioniert er mit geschlossenen Augen, aber mit etwas Übung beruhigt er dich auch, wenn du die Augen offen hast. Viel Spaß dabei!

Eine kleine Erfolgsgeschichte (1)

Kurz nach einem Vortrag schrieb mir eine Teilnehmerin:

Hallo Manfred,

am Donnerstag war ich bei deinem Vortrag und konnte ihn gerade sehr gut brauchen. An diesem Tag hatte ich nämlich einen wahnsinnigen Streit mit meinem Chef. Das beschäftigte mich natürlich sehr, und ich war dann auch noch sehr konfus, als ich dich im Vortrag hörte. Ich hatte sogar mein Geld vergessen und musste mir von meiner Freundin etwas borgen. Dein Vortrag war ganz wundervoll und dir zuzuhören eine wahre Freude.

Nach dem Vortrag war ich irgendwie wie verwandelt, und als ich tags darauf diesen Chef wiedertraf, hatte sich schon manches verändert.

Es ist echt der Hammer! Wie bedacht ich jetzt meine Worte wähle. Und wie aus diesem Depp plötzlich ein anderer Mensch geworden ist. Wunderbar! Und heute, am Sonntag, ruft mein Chef mich an und bittet um ein Treffen im Café, weil der Streit ihn so sehr beschäftigt …

Danke vielmals! Es wirkt jetzt schon!

Freue mich aufs nächste Mal!
Liebe Grüße, Anja

Das erste Prinzip der Liebe
Die Liebe in uns möchte wachsen.

Jeder von uns hat ein Füllhorn von Liebe zur Verfügung. Allerdings sind wir uns dessen nicht bewusst und nutzen sie deshalb noch viel zu wenig. Ein Problem mit einem anderen ist dabei immer als eine Herausforderung zu sehen, an der wir wachsen und uns entwickeln sollen. Ein Problem wird so nur zu einer weiteren Möglichkeit, noch mehr zu lieben und zu vergeben. In unserer neuen Zeit stehen wir damit stets aufs Neue vor der Entscheidung: Willst du in die Liebe gehen und an ihre Kraft glauben oder nicht?

Die Liebe und die ihr innewohnende Kraft können uns immer helfen, wir müssen uns nur an sie erinnern und sie geben, vergeben …

2

Die Praxis der Vergebung – das klassische Ho'oponopono

»Wir sollten immer verzeihen, dem Reuigen um seinetwillen, dem Reuelosen um unsretwillen.« – Marie von Eber-Eschenbach

»Man kommt in der Freundschaft nicht weit, wenn man nicht bereit ist, kleine Fehler zu verzeihen.« – Jean de la Bruyere

➤ Nachdem nun deutlich geworden ist, in welch einer spannenden neuen Zeit wir gerade leben, wenden wir uns jetzt dem Thema Vergebung näher zu. Wir schauen uns dazu die aktuell wohl bekannteste Technik an, das hawaiianische Vergebungsritual Ho'oponopono. Übersetzt bedeutet dies: »Etwas tun, um innerlich wieder in Frieden zu gelangen.« Dazu stelle ich dir hier einige altbekannte und neue Übungen vor. Außerdem gehe ich einigen Fragen nach, die sich um das Thema Vergebung drehen: Was ist Vergebung? Wodurch zeichnet sie sich aus? Was ist der Vorteil daran? Und was gebe ich eigentlich genau, wenn ich *ver*-gebe? Meine Liebe, das sei schon mal vorweg genommen!

Ho'oponopono ist eine Heilmethode, die mit unserer Liebe und unserer Fähigkeit zur Annahme arbeitet. Zunächst gelingt es uns damit, innerlich wieder in Harmonie zu finden, wenn uns Probleme in unserer äußeren Welt besorgen und aus unserer inneren Mitte zu werfen drohen. Die Hawaiianer gehen davon aus, dass alles auf dieser Welt unsichtbar miteinander verbunden ist. Wir sind damit ein Teil dieser Welt, die Welt aber genauso ein Teil von uns. Äußere Welt und innere Welt sind damit abhängig voneinander. Sie bedingen einander. Darum führt eine Disharmonie in meinem Inneren, in meinen Gedanken und Gefühlen, früher oder später auch zu einer Disharmonie meiner äußeren Lebensumstände. Ein Ho'oponopono-Ritual führe ich deshalb in genau solchen Momenten inneren Unfriedens aus, um zu verhindern, dass mein innerer Flächenbrand auch auf meine sichtbare äußere Welt übergreifen kann. Selbstverständlich nur dann, wenn es mir gelingt, mich in solchen Augenblicken von Verwirrung und innerer Unruhe an diese Technik zu erinnern, denn nur dann kann ich sie auch anwenden.

Meist gelingt mir dies jedoch nicht, da ich im normalen Alltag mit so vielem anderen beschäftigt bin, dass ich auf Autopilot gestellt habe und manchmal vor lauter Aufgaben und Verantwortungen die Orientierung verliere. Wenn ich nicht mehr in meiner Mitte bin, vergesse ich mich nur allzuleicht selbst. Wie sollte es mir dann möglich sein, in solchen wirklich schwierigen Momenten an die Möglichkeit von Ho'oponopono überhaupt zu denken? Nein, seien wir mal ehrlich, dann doch wohl eher nicht. Zum Glück wirkt dieses zauberhafte Ritual aber auch rückwirkend Wunder und gibt mir, wenn ich es nur genügend oft praktiziere und beherzige, schon bald mein inneres Zentrum zurück. Jeder Kontakt zu meinem Herzen verbindet mich nämlich automatisch wieder mehr mit mir und meiner Seele. Es tut mir immer wieder gut. Für mich steht darum fest:

Ho'oponopono ist praktizierte Selbstliebe.

Im Normalfall wende ich diese Vergebungstechnik also erst an, wenn das Kind bereits in den Brunnen gefallen und ein Problem in meinem Leben aufgetaucht ist. Ich gehe dann in Übereinstimmung mit der Sichtweise der Hawaiianer davon aus, dass diese Thematik in irgendeiner mir nicht bewussten Form etwas mit mir selbst zu tun haben muss. Denn nur so kann sich dieses Problem in meinem Leben überhaupt zeigen. Ich mache dann ebenfalls, sozusagen rückwirkend, ein Ho'oponopono-Ritual, damit die wieder gewonnene innere Harmonie ausgleichend auf meine sichtbare äußere Welt einwirken kann und sie so wieder in Frieden bringt. In unserem Kulturkreis kennen wir diese Beziehung zwischen innerer und äußerer Welt als Resonanzprinzip. Die Hawaiianer haben dafür nur andere Ausdrucksweisen gewählt, die eben mehr ihrer Tradition entsprechen.

Beide Sichtweisen sind sich jedoch einig in der Aussage:

Ein im Außen auftretendes Problem spiegelt nur ein inneres Problem.

Der Ansatz lautet: Heile ich mit Hilfe von Ho'oponopono meine innere Welt, meine unfriedlichen Gefühle und Gedanken, dann heile ich damit über kurz oder lang auch das äußere Problem. Auf die äußere Welt kann ich nur indirekt Einfluss nehmen, darum setzt Ho'oponopono dort an, wo ich die Veränderung viel besser bewerkstelligen kann, nämlich in meinem Inneren. Beim klassischen Ho'oponopono verwende ich dazu liebevolle Affirmationen, beim daraus abgeleiteten Hoppen (dazu kommen wir in Kapitel 3) sofort die Liebe unseres geöffneten Herzens. Beide Methoden haben ihren Charme, und ich stelle dir beide vor, so dass du, deinem Gefühl entsprechend, wählen und ausprobieren kannst, welche Technik du zu deiner eigenen machen möchtest. Bei einem Ho'oponopono-Ritual heilen wir zuerst unsere innere Unruhe und die Heilung der äußeren Umstände folgt dann auf dem Fuß.

Heile dich selbst und du heilst die Welt.

Da dieses Vergebungsritual mit der Liebe und der Herzenergie arbeitet, ist sie eine der Heilmethode der Neuen Zeit. Oft werde ich gefragt, was zuerst da war, dieses Ritual oder die neue Zeitqualität? Sicherlich bedingt auch hier wieder das eine das andere, wieder ist außen und innen nicht voneinander zu trennen. Diese Frage erinnert mich an die altbekannte Überlegung, was wohl zuerst da gewesen ist, die Henne oder das Ei? Ist diese hawaiianische Vergebungstechnik bei uns wieder so populär geworden, weil die Zeit dafür reif war und sie diese einfach »ausgebrütet« hat? Oder war Ho'oponopono zuerst da und damit ein ursächlicher Auslöser dafür, dass sich die Qualität unsere Zeitepoche so positiv verändert hat?

Für mich hat Shakespeare eine schöne Antwortmöglichkeit auf dieses Dilemma gefunden, indem er sagte: »Wenn die

Seele bereit ist, sind es die Dinge auch.« In diesem Sinne waren unsere Seelen offenbar bereit, diese uralte Vergebungstechnik wieder neu zu entdecken. Und in der Woge der Begeisterung, Probleme nun auf sehr einfache Weise mit Hilfe der Liebe im Herzen heilen und verbessern zu können, wurden wohl immer neue Menschen von dieser neuen Technik angezogen. Im Grunde ist es ja vollkommen einerlei, was zuerst da war, denn der Keim ist gelegt und auf diesem fruchtbaren Humus können wir nun alle dafür sorgen, dass die Ernte für uns alle reich und üppig ausfallen wird. Ist diese Methode doch voll von segensreichen Qualitäten, die uns allen zu Gute kommen, wie Liebe, Dankbarkeit, innerem und äußerem Frieden, Akzeptanz, Barmherzigkeit oder schlicht und einfach: Glück.

Um glücklich und zufrieden leben zu können, steht uns nämlich die Möglichkeit zur Vergebung jederzeit zur Verfügung. Wir müssen es nur *tun*, wir selbst müssen sie praktisch umsetzen und anwenden. Umgekehrt wird aber erst ein Schuh daraus: Könnte es sein, dass die fehlende Praxis der Vergebung tatsächlich etwas damit zu tun hat, wenn wir uns stattdessen immer wieder unzufrieden und glücklos fühlen? Gucken wir doch einmal genauer hin.

Wenn ich mich mit meinem Chef gestritten hab, wie in der letzten Erfolgsgeschichte beschrieben, dann geht es mir nicht gut. Das kennt wohl jeder von uns. Nach so einer Auseinandersetzung mache ich mir Sorgen um meinen Arbeitsplatz, sorge mich um das weitere Verhältnis zu meinem Chef, mache ihm oder auch mir in Gedanken Vorwürfe, schlechtes Verhalten gezeigt zu haben. So ein Wortgefecht kann uns tage- oder wochenlang innerlich so aufwühlen, dass unser Wohlgefühl sehr darunter leidet.

Es ist eines unserer größten Grundbedürfnisse, in Frieden mit unserer Umwelt zu leben.

Denn als soziale Wesen besteht eines unserer wesentlichsten Grundbedürfnisse darin, in unserer Gruppe dazuzugehören und damit ein Stück weit vor der Welt da draußen geschützt zu sein. Da sind wir genetisch wohl alle noch auf der Stufe unserer Vorfahren. Denken wir einfach mal an den Steinzeitmenschen. Nur in einer Gruppe, wo jeder auf den anderen aufpasst, war damals ein Überleben überhaupt möglich. Verlor man den Rückhalt der Gruppe und wurde ausgestoßen, lief man unmittelbar Gefahr, in der widrigen Umwelt umzukommen. In unserem Unbewusstsein ist die Angst vor dem Alleinsein wohl noch tief verwurzelt. Ein Streit triggert diese Urangst in jedem von uns.

Um nochmals ein Bild dafür zu bemühen: Wenn wir in Disharmonie mit einem Mitmenschen sind, dann »tragen wir ihm etwas nach«, sind nachtragend. Wir geben dem anderen die Schuld. Wer aber trägt diese Last wirklich? Wir selbst sind es, die uns an diesem Gewicht abschleppen, ohne es wirklich zu bemerken. Kann man unter dieser Dauerbelastung glücklich sein? Ich denke, nicht, das leuchtet sofort ein.

Wenn wir nachtragend sind, schleppen wir die Last selbst, ohne es zu merken.

Nachtragend kann ich übrigens mir selbst gegenüber genauso sein. Dann mache ich mir ständig Vorwürfe, in der Vergangenheit falsch gehandelt zu haben. Wieder zeigt sich hier der Aspekt von Selbstliebe, der beim Vergeben immerfort mitschwingt. Hier trage ich diese Last mir selbst nach, so wie ein Hund, der sich ständig im Kreis dreht und dabei seinem eigenen Schwanz hinterherjagt.

Vergebung beendet diese unnötige und kräftezehrende innere Karussellfahrt. Wenn wir vergeben, steigen wir aus diesem ständigen Kreislauf der Selbstzermürbung aus. Die Gefühle, die in uns aufsteigen, wenn wir nicht vergeben, wie Wut, Enttäuschung oder Machtlosigkeit, zehren außerdem an unseren körperlichen wie seelischen Energien und laugen uns regelrecht aus. Unserem Immunsystem gefällt es sicherlich ganz und gar nicht, ständig gestresst und überfordert zu sein. Ho'oponopono wird damit zu einem wichtigen Werkzeug für unsere persönliche Form von Psychohygiene.

Vergebung vermag sowohl unsere körperliche wie seelische Gesundheit zu stärken.

Der für mich wichtigste Aspekt der Vergebung ist jedoch das dabei stattfindende innerliche Wachstum.

Mich erinnert ein Mensch, der nachtragend ist und damit zum Opfer der Umstände wird, häufig an ein trotziges kleines Kind, das einfach alles so haben will, wie es das nun mal möchte. Wütend stampft es dabei mit dem Fuß auf und hat einen knallroten Kopf.

Vergeben zu üben hat dagegen für mich etwas sehr Erwachsenes. Ich putze mir die Nase und gehe auf den anderen zu. Statt mich als Opfer zu stilisieren, übernehme ich die Verantwortung für das Problem, stelle mich ihm und löse es so auf. Ich befreie mich von den inneren Verstrickungen, in denen ich hängengeblieben bin, und bekomme mehr Kraft für die Bewältigung meines Hier und Jetzt. Darum hat die Praxis der Vergebung etwas sehr Lebenserfahrenes.

Sie zeichnet einen reifen Menschen aus, der mit beiden Beinen im Leben steht und seine Aufgaben erfüllt. Seine Persönlichkeit strotzt vor innerer Stärke, da er weder Zeit noch Kraft damit verschwendet, anderen ihre Fehler nachzutragen. Die stabile Struktur seiner Persönlichkeit zeigt sich stattdessen gerade daran, dass er Schwäche zeigen kann und zu seinen eigenen Fehlern steht.

Es wundert darum nicht, dass sich viele große Menschen besonders durch die Fähigkeit zur Vergebung ausgezeichnet haben. Ja, ich möchte sogar sagen, diese Fähigkeit hat es ihnen erst erlaubt, so groß werden zu können. Mahatma Gandhi, Nelson Mandela, Martin Luther King oder Dietrich Bonhöfer sind nur einige Beispiele dafür.

Vergebung schenkt uns Kraft und befähigt uns, geradezu über uns selbst hinauszuwachsen.

Die besondere Wichtigkeit von Vergebung zeigt sich nicht zuletzt am hohen Stellenwert, den sie in praktisch jeder Religion einnimmt. Im Christentum kennen wir alle den Satz »Liebe deinen Nächsten wie dich selbst«. Im Judentum ist Jom Kippur als höchster Feiertag sogar ganz der Versöhnung gewidmet. Buddha prägte in diesem Zusammenhang den schönen Satz:

Am Zorn festzuhalten ist wie Gift trinken und erwarten, dass der Andere dadurch stirbt.

Es ist also wirklich lohnenswert, die Kunst der Vergebung zu beherzigen. An dieser Stelle möchte ich dir ein paar ganz einfache Techniken dazu vorstellen, darunter auch das klassische Ho'oponopono. Da wir hier noch am Anfang der Praxis der Vergebung stehen, sind es vor allem Affirmationen, die du für den Hausgebrauch anwenden kannst, wenn immer dir danach ist. Sie beruhen alle auf dem klassischen Ho'oponopono, sind aber kleine Varianten davon.

Übung: *Gedanke, geh!*

Rasche Linderung, wenn du innerlich mal heiß zu laufen drohst, weil du dich über jemanden ärgerst und aus deiner Wut nicht mehr herausfindest, bringt das Wortspiel: »Gedanke, geh!« Linderung. Sage einfach zu deinem wilden Gedanken ein paar Mal: »Gedanke, geh! Danke! *(Dass du jetzt gegangen bist.)* Gedanke, geh! Danke!« und so weiter, bis du dich wieder beruhigt hast. Diese Affirmation lässt mich jedes Mal ein wenig schmunzeln, und wie die Erfahrung lehrt, ist alles gleich weniger schlimm, wenn man darüber lachen kann. Merke: Es ist tatsächlich nur ein Gedanke, er muss nicht zwangsläufig wahr und richtig sein. Es läuft nach dem Motto: Glaube nicht alles, was du denkst.

So einfach diese erste Übung zu sein scheint, sie hat schon einen wichtigen Ho'oponopono-Blickwinkel in sich. Ich sage hier nämlich »Danke!«, noch bevor sich mein Gedanke verabschiedet hat. Ich sage »Danke« im Voraus schon jetzt dafür, dass der Gedanke gleich weg sein wird. Damit wird das Wörtchen »Danke« zum Schlüssel. Es geht darum, diese Affirmation voller Zuversicht auszusprechen, im sicheren Glauben, schon bald wieder innerlich zu Ruhe und Frieden gelangt zu sein.

Übung: *Das klassische Ho'oponopono*

Nun bist du bereit, die vier Sätze des klassischen Ho'oponopono kennenzulernen. Die Übung »Gedanke, geh!« war sozusagen die Kurzform davon. Die vier Sätze lauten:

Es tut mir leid.
Bitte verzeih mir.
Ich liebe dich.
Danke.

Diese Sätze richtest du an dich selbst. Es tut mir leid, wenn ich jetzt gerade ärgerlich bin. Bitte verzeih mir mein Aufgebrachtsein. Ich liebe dich, auch in deiner Wut. Danke, so wie eben, dass dieser kleine Anfall nun vorüber geht und vorbei ist.

Wie eben rezitiere diese vier Sätze bitte immer dann, wenn du innerlich aufgewühlt bist und dich nicht in deiner Mitte fühlst. Natürlich ist dabei oft ein Streit mit einem anderen Menschen der Hintergrund, du kannst diese Sätze aber auch einfach dann innerlich sprechen, wenn du Sorgen hast, traurig bist oder was auch immer. Es ist hilfreich, dich dabei etwas von der Welt zurück zu ziehen und eine meditative Haltung einzunehmen. Verbinde dich gern vorher über den Kreuzatem mit deinem Zentrum und spreche die Worte innerlich in deinem Herzen. Und zwar solange, bis du spürst, dass sich in dir etwas löst, und es dir leichter wird um dein Herz.

Eine typische Frage, die sich immer wieder stellt, ist hier, wie oft diese Übung wiederholt werden sollte. Ich finde, du merkst es selbst am besten. Am besten übe damit, bis sich in dir, in deinem Gefühl, eine Besserung einstellt. (Manchmal antworte ich auf diese Frage etwas flapsig: Drei Mal täglich nach den Mahlzeiten!). Erwarte hier gerne Wunder, sei aber genauso stets bereit, etwas dafür zu tun. Praktiziere, praktiziere, praktiziere!

Übung: *Ich vergebe, ich vergebe …*

Eine weitere Variante nutzt das Ansprechen der Vergebung direkt. Affirmationen werden ja weltweit seit altersher genutzt, da Worte offensichtlich eine große Kraft besitzen. Bei dieser Übung sprichst du innerlich, zu dir selbst, immer wieder den Satz: »Ich vergebe, ich vergebe.« Und so weiter. Sonst nichts. Spreche diesen Satz ganz langsam, du kannst die Buchstaben des Wortes »vergebe« dabei langsam einzeln vor dich hinsprechen und intonieren: Ich v e r g e b e. Geh wirklich innerlich in die klare Absicht, es tatsächlich zu tun. Damit lädst du diese Kraft zu dir ein, damit sie in dir wirksam werden kann. Wiederhole diesen Satz, bis du dich wieder ruhiger und entspannter fühlst.

In einem Seminar erzählte mir eine Teilnehmerin, wie sie einen ganzen Samstag lang diese Übung beim Putzen ihrer Wohnung einige Stunden lang immer wieder ausführte. Sie dachte dabei an alle, die ihr in ihrer Vergangenheit wehgetan oder übel mitgespielt hatten. Mit dem Bild dieses Menschen in ihrem Herzen putze sie drauflos und sprach den Satz »Ich vergebe« immer wieder vor sich hin. Sie erzählte, wie gut ihr dieses Großreinemachen im Inneren wie im Äußeren getan hatte.

Probiere es doch selbst einmal aus! Beim Putzen der Wohnung ist es doch sehr passend, findest du nicht?

Großreinemachen innen wie außen.

Übung: *Ich gebe es ab in die Tiefe*

Bei dieser Übung greifen wir noch einmal auf den Kreuzatem zurück, den du ja bereits kennst. Beginne die Übung mit seinen ersten zwei Atemzügen: »Ich atme oben ein in mein Herz und atme nach unten in die Mitte der Erde aus«, und wiederhole nur diese ersten beiden immer wieder. Beim Einatmen von oben in dein Herz nimm außerdem alle Gefühle, die dich belasten und bekümmern, alle Sorgen, Zweifel oder auch Wut und Ärger mit in dein Herz. Einfach, indem du es dir vorstellst, fühlst du sie ja auch dort, sowieso. Aber keine Bange, diese Gefühle bleiben dort nicht, sondern werden gleich beim nächsten Ausatmen in die Mitte der Erde abgegeben, sozusagen ins Endlager.

Bei »Ich atme in die Mitte der Erde aus« stell dir vor deinem inneren Auge vor, wie aus deinem Herzen alle diese unangenehmen Gefühle herausfließen und mit Hilfe deines Atems ins Zentrum der Erde geleitet werden. Hier ist ihr Platz, hier sind sie richtig. Atme dann wieder oben im Himmel ein und lade dein Herz mit allen Gefühlen auf, die jetzt noch unangenehm und belastend sind. Spürst du, wie du langsam leichter wirst, innerlich? Wiederhole diese Atemzüge, bis du das Gefühl hast, es hat sich etwas in dir gelöst und verabschiedet.

Eine kleine Erfolgsgeschichte (2)

Hiltrud arbeitet schon viele Jahre in einer Firma und wird sehr unglücklich, als ihr vor ein paar Monaten eine neue Führungskraft vor die Nase gesetzt wird. Nach dem Motto »Neue Besen kehren gut« stellt diese Chefin viele gute und altbewährte Abläufe des Tagesgeschäftes auf den Kopf und Hiltrud fällt die

Arbeit mit dieser Chefin immer schwerer. Es kommt in der Folge natürlich zu Streitereien wegen der vielen Neuerungen und Hiltrud probiert es schließlich mit dem klassischen Ho'oponopono, um ihre Situation zu verbessern. Sie spricht die vier Sätze und widmet sich dabei dem eigenen Anteil, der mit diesem Problem mit dieser Chefin zusammenhängt.

Kurz danach findet sich eine wunderbare und gute Lösung für beide Seiten. Sie kann innerhalb der Firma ihre Stelle wechseln und hat nun einen neuen und sehr netten Chef, den sie bereits von diversen Urlaubsvertretungen her bestens kennt. Ihr neuer Chef verabschiedet sie nach dem Vorstellungsgespräch mit den Worten: »Es ist ein großes Geschenk für uns, dass sie bald für uns arbeiten werden.«

Das zweite Prinzip der Liebe
Um die Liebe nutzbar zu machen, sollten wir sie verschenken.

»Geben ist seliger denn nehmen«, diesen Satz kennen wir alle aus der Bibel. Um zu ernten, müssen wir vorher den guten Samen aussäen und sozusagen verschenken. In der Liebe ist jede Knausrigkeit fehl am Platz, auch wenn so mancher Schwabe denkt und sagt: »Wenn mer gebet, gebet mer gern. Aber mer gebet nix.« Die Liebe in uns ist ein ewiger, unerschöpflicher Quell, der niemals versiegen kann, es sei denn, wir verschließen ihn selbst. Dann aber trennen wir uns von den vielfältigen Wohltaten dieser Kraft, von der auf magische Weise umso mehr zu uns zurückfließt, je großzügiger wir sie an unsere Umwelt weiterleiten.

3

Eine Welt voller Gefühle

»Ihr müsst die Menschen lieben, wenn ihr sie ändern wollt.« – Johann Heinrich Pestalozzi

»Liebe ist die stärkste Macht, und doch ist sie die demütigste, die man sich vorstellen kann.« – Gandhi

➤ Über unser Gefühl sind wir mit unserer Umwelt eng verbunden, viel enger, als wir vielleicht meinen. Wir spüren den anderen, und der andere spürt uns. Hegen wir irgendeinen Groll in uns, dann wird der andere das spüren und unbewusst darauf reagieren. Es kann dann zum Streit kommen. Vergebung findet darum vor allem in unseren Gefühlen statt und damit ganz ohne Worte. Wenn wir den anderen wirklich akzeptieren, ganz so, wie er ist und sich verhält, beruhigen sich unsere Gefühle und Frieden stellt sich ein. In unserem Inneren genauso wie in unserem Außen. Die Herzenstechnik des Hoppens hilft uns dabei.

Als ich um das Jahr 2006 herum das erste Mal mit dem klassischen Ho'oponopono in Kontakt kam, merkte ich rasch, irgendwie ist diese Form von Vergebung nicht so ganz meine. Affirmationen kannte ich aus verschiedenen anderen Traditionen bereits und ich spürte, dass sich mir auf diese Weise kein Zugang zur hawaiianischen Vergebungstechnik erschloss. Diese Art des Rituals berührte viel zu wenig mein Herz. Um es auf den Punkt zu bringen: Ich hatte einfach kein gutes Gefühl dabei.

Bärbel ging es ebenso damit und mangels Literatur und Lernmöglichkeiten machten wir dann, eher aus dieser Not geboren, unsere eigene Technik daraus, die wir etwas flapsig »Hoppen« tauften. Zum einen, weil sich damals noch niemand den recht unbekannten Begriff Ho'oponopono wirklich merken konnte. Zum anderen, um die Leichtigkeit und die spielerische Freude an dieser neuen Technik hervorzuheben. Unter uns und in unserem näheren Freundeskreis kam es zu dieser Zeit häufiger vor, dass wir uns abends bei uns im Wohnzimmer trafen und alle Probleme »hoppten«, die uns gerade belasteten. Unsere durchweg guten Erfahrungen mit dem Hoppen brachten wir dann 2008 in unserem Buch *Cosmic Ordering – die neue Dimension der Realitätsgestaltung nach dem alten hawaiianischen Ho'oponopono* (siehe Bibliografie) zu Papier. Es wurde rasch zum Wegbereiter für diese Vergebungstechnik im deutschsprachigen Raum. Gleich stelle ich dir die Herzenstechnik des Hoppens genauer vor.

Was mir beim Ho'oponopono, wie ich es damals kannte, aber vor allem fehlte, war das innere Bewusstsein, wie dabei innerlich wirklich etwas in mir geschieht. Und zwar in meinem Gefühl. Ich möchte nochmals betonen: Jeder möge für sich nach seiner eigenen Façon glücklich werden mit dieser Technik, und gerade darum biete ich hier ja gleich eine ganze

Fülle verwandter Techniken des Vergebens an. Wer gern mit der klassischen Variante arbeiten mag, der möge dies gern tun. Mir geht es hierbei vor allem darum, dass jeder seinem Herzen und seinem Gefühl folgen soll. Denn:

Vergebung ist vor allem eine Sache des Gefühls.
Sie findet in unserem Gefühlskörper statt.

Natürlicherweise solltest du darum eine Variation wählen oder besser »erfühlen«, bei der du dich rundum wohl fühlst. Der Zugang zur Transformation, die beim Ho'oponopono stattfindet, ist nämlich ein rein gefühlsmäßiger. Wenn du ungute Gefühle wie Ärger, Wut, Machtlosigkeit oder Verletzung in dir heilen und bessern möchtest, dann gelingt dies nur in deinem Herzen. Hier ist der Sitz deiner Emotionen und, wichtiger noch, die Quelle und der Ursprung deiner Liebe, die deine Gefühle beruhigen und heilen kann.

Heilung und Vergebung finden
in unserem Herzen statt.

Im neuen Zeitalter, das ich in Kapitel 1 beschrieben habe, wenden wir uns wieder mehr unserem Ursprung und unserer Quelle zu und damit dem, was uns eigentlich erst zu dem macht, was wir wirklich sind: zu fühlenden, emotionalen Wesen. Wir sind auf diesem Planeten, um zu fühlen, um fühlend in Verbindung mit unserer Umwelt zu treten, um fühlend Erfahrungen zu machen. Und nur fühlend werden wir die neuen Gesetze der Liebe des neuen Jahrtausends entdecken, die sich unserem Verstand manchmal noch sehr verschließen.

Wir leben im neuen Zeitalter der Gefühle.

Im alten Jahrtausend hat uns die Vervollkommnung unseres Verstandes sehr weit gebracht. Es gibt so viele technische Errungenschaften, die unser Leben wirklich viel leichter gemacht haben. Der Zenit ist aber nun erreicht und das Pendel schwingt wieder zurück, in die andere Richtung, die Richtung des Fühlens. Und um ins Herz und in die Liebe zu finden, steht unser neunmalkluger Verstand uns manchmal doch sehr im Weg. Um es einmal mit Mutter Teresa zu sagen: »Wenn ich die Menschen beurteile, habe ich keine Zeit, sie zu lieben.«

In meinen Seminaren sage ich darum immer gern:

Entweder sind wir im Verstand oder im Kopf.
Beides zusammen geht nicht.

Es ist unser Gefühl, das uns in der Neuen Zeit zunehmend vermittelt, mit dem anderen Menschen eng und immer enger verbunden zu sein. Es ist doch schon ganz normal und anerkannt, wie sehr eine Mutter spürt, was ihr kleines Kind am meisten braucht. Auch Lebenspartner spüren sehr genau, wie es dem anderen geht, oft sogar über Entfernungen hinweg. Dieser Zusammenhalt zwischen den Menschen wird nun ständig größer und greifbarer und wächst über den engsten Kern der Familien hinaus. Diese Verbindung besteht natürlich und selbstverständlich über unser Gefühl.

Wenn es meinem Kind nicht gut geht, dann fühle ich mich als Mutter oder Vater selbst nicht wohl. Es besteht so eine enge Bindung zwischen Kind und Elternteil, dass die Gefühle sich vermischen und nicht nur auf eine Person fixiert sind. Unsere Gefühlskörper sind also nicht auf uns allein beschränkt, sondern vielmehr in der Lage, sich mit den Menschen um uns herum zu überlappen.

Über unseren Gefühlskörper können wir uns mit dem anderen verbinden.

Wir können fühlen, was der andere fühlt, wenn wir es zulassen. Dies wird uns aber erst dann ganz und gar bewusst, wenn wir langsam wieder mehr fühlend werden. In unserer Neuen Zeit ist die Praxis der Vergebung wohl vor allem deshalb wieder so populär geworden, da wir (im positiven Sinne) zunehmend den Verstand verlieren und den Impulsen unseres Gefühls wieder mehr folgen. Wenn wir uns streiten, greifen wir den anderen mit Worten an, die wie Stiche und Hiebe in den Gefühlskörper sein können. Offenbar war sich Mahatma Gandhi dessen schon vor vielen Jahrzehnten bewusst, denn er sagte:

Du und ich, wir sind eins, ich kann dir nicht wehtun, ohne mich selbst zu verletzen.

Mir geht es nicht gut, wenn ich mit einem anderen streite. Und die Verletzungen, die ich dem anderen mit Worten emotional zufüge, sie treffen vor allem mich selbst. Gandhi wurde berühmt für seinen gewaltlosen Widerstand gegen die englische Besatzung in Indien. Im Kern seiner Lehre stand aber das tiefe Verständnis um die tiefe Beziehung der Menschen untereinander, die in ihrem Gefühl stattfindet. Ein Streit geht weit über die äußere Auseinandersetzung hinaus. Sie betrifft vor allem unser innerstes Wesen, wir nehmen sie noch lange nach dem Vorfall mit in unseren Gefühlskörper, und sie wirkt dort als Betroffenheit,

Wut und Schuld nach. In uns selbst wie auch in diesem anderen Menschen. Wie wir noch sehen werden, ist beides nicht voneinander zu trennen. *Du und ich, wir sind eins.*

Die größere Bewusstheit über diesen Sachverhalt, den uns unsere Neue Zeit schenkt, hängt nun damit zusammen, wie sehr wir es wagen, unser Herz dem anderen gegenüber zu öffnen. Die eben beschriebene große Verbundenheit zwischen Eltern und Kind oder Eheleuten beruht ganz einfach auf einer kleinen unscheinbaren Sache: Sie lieben einander! Menschen, die ich bewundere, die ich bejahe und die ich ganz toll finde, nehme ich ganz in meinen Gefühlskörper hinein. Ich will mit diesem Menschen verschmelzen, mich in ihm verlieren. Ja, in den Zeiten des ersten Verliebtseins halte ich es sogar kaum eine Sekunde ohne den geliebten Menschen aus!

> *Bei Menschen, die wir lieben, öffnen wir unseren Gefühlskörper ganz. Hier fühlen wir besonders stark mit.*

Wenn unsere Liebe nun wächst, ist diese uns vom Himmel geschenkte Gabe aber nicht mehr nur auf die uns Herzallerliebsten beschränkt. Ich denke, wir sind ausnahmslos hier auf diesem Planeten, um uns über die Kraft der Liebe immer bewusster zu werden.

Größere Bewusstheit und inneres Wachstum haben vor allem mit unserer Fähigkeit zu tun, unsere Liebe wachsen zu lassen, beginnend bei unseren engsten Geliebten bis hin zu immer mehr Menschen unserer direkten Umwelt. Neale Donald Walsh sagt in diesem Zusammenhang so wunderbar, »ich habe dir immer nur Engel geschickt«, und meint damit, Gott habe uns ein Leben lang nur Engel in Menschengestalt zur Seite gestellt, damit wir selbst unsere Engelhaftigkeit in uns erblicken.

Unser Gefühlskörper wird umso größer, je mehr wir unser Herz öffnen und bereit sind, zu lieben.

Ein offenes Herz birgt natürlich eine große Gefahr: Wir werden angreifbarer und damit leichter verletzbar. Der erste Impuls in diesem Moment ist natürlicherweise, wieder unsere Schutzschirme des Verstandes hochzufahren und innerlich zuzumachen. Diese Reaktion geschieht reflexartig, wir kennen sie bereits. Wir nutzen sie auch immer dann, wenn wir einen Menschen nicht mögen. Bei jemandem, den wir ablehnen, verschließen wir uns und unseren Gefühlskörper. Hier wollen wir *auf keinen Fall* verschmelzen. Wir gehen diesen Personen sogar aus dem Weg, meiden ihren Umgang, damit unsere Gefühle sich nicht mit ihren überlappen. Wir wollen sie »nicht in uns hineinlassen«. Oder, genauer gesagt: Wir wollen diese Person »nicht fühlen«.

Ablehnung möchte den anderen nicht fühlen.
Liebe will gerade das: im Gefühl verschmelzen.

Ablehnung und die innere Haltung gegen den anderen sind darum das genaue Gegenteil von Liebe. Bei der Praxis der Vergebung überwinden wir diese Abneigung und nehmen selbst den größten Idioten noch in unser Herz. Wir weiten unseren Gefühlskörper auch dort noch über eine andere Person aus, wo sie uns verletzt und übel mitgespielt hat.

Versteh das bitte richtig: Du musst dazu den anderen nicht wirklich lieben, wie du es bei deinem Kind oder deinem

Partner tust. Aber du nimmst den anderen Menschen in dein Herz, indem du die Kraft der Liebe in deinem Herzen aufrufst. Du selbst musst den anderen nicht wirklich lieben, aber deine Liebe kann es für dich tun.

Klingt das verrückt? Verlierst du gerade den Verstand? Na wunderbar! Willkommen im Club! Bei der Herzenstechnik arbeiten wir mit der Liebe deines Herzens. Lade deine Liebe ein, gerade bei den Menschen, die dich verwirren, die du ablehnst, die dich verletzt und beleidigt haben. Genau das ist Vergebung! Wir verschenken dabei unsere Liebe, damit sie uns hilft, den anderen, den Trottel, den Querkopf, den Dummkopf, trotzdem zu akzeptieren.

Liebe ist Akzeptanz.

So leid es mit tut (tut es gar nicht!), die Gesetze der Liebe sind für den Verstand schwer zu begreifen. Normalerweise handeln wir, wenn ein Mensch uns stört und uns nervt. Wir reden auf ihn ein, wollen ihn überzeugen. Wir tun ganz viel, um seine Meinung zu ändern. Nun kommt die Kraft der Liebe ins Spiel und es wird gesagt: *Liebe den anderen ganz einfach.* Nimm ihn in dein Herz. Akzeptiere ihn. Und die Liebe wird es dann schon richten, wie sie es will und wie nur sie es zu tun vermag. Erinnert sei noch einmal an das Zitat von Pestalozzi anfangs: »Ihr müsst die Menschen lieben, wenn ihr sie ändern wollt.«

Wenn wir akzeptieren, tun wir nichts mehr selbst. Wir lassen die Liebe wirken. Oft sind Probleme mit einem anderen schon seit Jahren vorhanden und in der Familie oder am Arbeitsplatz angesiedelt. Bei diesem Menschen hab ich alles versucht, alle Register gezogen. Ich habe geredet, diskutiert, gebrüllt, geweint, bin manchmal schier verzweifelt. Nun gebe ich zu: Ich schaffe es einfach nicht, mit ihm klarzukommen. Ich gebe es auf. Ich lasse los. Ich gestehe mir meine Unfähigkeit ein, mit diesem Blödmann jemals klarzukommen. Bitte, Liebe, tu du es nun für mich. Ich selbst bin machtlos.

Es ist wirklich so paradox und raubt uns den Verstand: Wenn ich einen anderen ändern möchte, dann akzeptiere ich ihn am besten ganz und so, wie er ist! Ja, was soll das denn jetzt? Aber genauso ist es! Ich sage ihm: Du bist okay, wie du bist. Bleib gern so, mein Alter, passt schon, ist schon gut! Warum sollte er sich gerade dann ändern? Ich lasse ihn doch, wie er ist! Genau das ist aber der Kern von Demut. Dazu ist der eingangs erwähnte Satz Gandhis so wichtig, dass ich ihn hier noch einmal zitieren möchte:

Liebe ist die stärkste Macht, und doch
ist sie die demütigste, die man sich vorstellen kann.

»So werden die Ersten die Letzten sein und die Letzten die Ersten.« Jeder kennt bestimmt diesen Satz aus der Bibel. Wenn ich mir eingestehe, bei diesem für mich schwierigen Menschen alles versucht zu haben, und doch bin ich unfähig, mit ihm klarzukommen, dann gestehe ich mir meine Ohnmacht in dieser Hinsicht voll und ganz ein. Bitte, Liebe, tu *du* es nun für mich. Ich *kann* es nicht, ich bin machtlos. Die Demut besteht an dieser Stelle darin, mir dies im Gefühl voll und ganz einzugestehen. Ich bin klein und schwach, ich bin der Letzte. Ich mache mich dabei winzig klein und kann auf diese Weise die Kraft, die Macht der Liebe nutzbar machen. Bin ich wirklich der Letzte, kann ich auch der Erste sein. Je kleiner, je demütiger ich in meinem Gefühl zu werden vermag, umso mehr Kraft steht mir zur Verfügung.

Im Gefühl ist dies verständlich. Denke noch einmal zurück an den Satz: *Du und ich, wir sind eins.* Was gebe ich dem anderen Menschen, welche Energie schenke ich ihm in unserem Konflikt: »DU bist der Letzte für mich!« Guck mal einer an. Die Lösung besteht hier also genau in diesem So-Sein, das ich dem anderen gebe. Er ist der Letzte für mich? Er kommt nach allem und allen anderen? Okay, sagt der Gefühlskörper, aber du und ich, wir sind doch eins! Also – werde selbst zum Letzten, gebe dir selbst das Gefühl, das du dem anderen geschenkt hast, und wir sind aus dem Schneider.

Das Problem löst sich, weil ich die Demut aufbringe, die Suppe nun auch auszulöffeln, die ich mir selbst eingebrockt habe. Ich fühle es selbst, was ich dir gegeben habe, dieses Gefühl, die oder der Letzte zu sein. Und werde wieder frei, löse mich von der Fessel, die ich mir damit selbst angelegt hatte – und werde wieder das Erste.

Im Verkleinern des anderen machen wir uns selbst klein.

Hinsichtlich des Gefühls sind wir ebenfalls, wie alles in dieser Welt, dual aufgebaut und somit in unseren scheinbaren Gegenteilen untrennbar verbunden. Kann ich im Gefühl der Letzte sein, bekomme ich damit die Macht, der Erste zu werden. An der Liebe kann man es gut sehen. Liebe ist fein, verletzlich und rein und stellt sich dennoch immer zur Verfügung, wenn wir sie bitten. Sie will fließen und sich verströmen, scheinbar ohne eigenen Sinn und Zweck. Sie ist demütig, da sie wirkt, wie der Himmel und die Schöpfung es möchten. Sie dient einem höheren Sinn und ist dabei scheinbar selbstlos und machtlos. Und eben darin liegt ihre unendliche Kraft.

Wenn ich einen anderen, für mich schwierigen Menschen akzeptiere, dann liegt darin eine große Demut, denn ich gestehe mir meine Niederlage ein. Dieser Mensch schafft mich, bringt mich an den Rand des Nervenzusammenbruchs. Ich gebe meinen Widerstand und meine Ablehnung gegen ihn auf. Ich akzeptiere meine Machtlosigkeit. Ich werde diesen Menschen nicht ändern.

Aber: Schon im Eingestehen dieser Niederlage ändere ich – mich! Ich ändere meine innere Haltung, mein Gefühl, denn ich höre auf zu kämpfen. *Du und ich, wir sind eins.* Erinnere dich! Und genau durch diese Demut, meine eigene Niederlage zu akzeptieren, werde ich zum Phönix aus der Asche. Ich habe mich verändert, darum ändert sich die schwierige Person schließlich auch! Es ist ähnlich wie das paradoxe »Handeln im Nicht-Handeln«, in der richtigen inneren Haltung, wie wir es aus dem Taoismus kennen.

Du und ich, wir sind eins. Das bedeutet schließlich und endlich, das Problem zwischen uns, es hat etwas mit mir zu tun. Das Problem mit dir ist offenbar ursächlich ein Problem von mir. Bei der Herzenstechnik gestehe ich mir dies ein, ich akzeptiere meinen Anteil daran. Und ich formuliere dann diesen Sachverhalt bei der Herzenstechnik durch den Satz: »Ich liebe den Teil in mir, der mit diesem äußeren Problem zusammenhängt.«

Sicher ist es gut, hier zur Veranschaulichung einmal ein Beispiel aus der Praxis einzuflechten. Während eines Seminars kam einmal eine junge Dame heimlich in der Pause zu mir und fragte, was sie nur mit ihrem Freund machen solle. Sie liebe ihn wirklich sehr, aber er hat eine schlimme Unart. Alle zwei Wochen gehen sie gemeinsam mit Freunden Kegeln und dann trinkt dieser Freund Alkohol. (Kleine Anmerkung: Es handelt sich hier um ein bis zwei Bier, wohlgemerkt.) Und das geht bei der jungen Dame gar nicht! Sie hat schon alles probiert, er hört einfach nicht damit auf. Das war die ganze Geschichte.

Nun gut, sie hat ein Problem damit, okay. Es war in einer Pause und wir hatten nicht viel Zeit. Ich spürte also in mich hinein (wie das geht, beschreibe ich in Kapitel 4) und sagte ihr aus dem Bauch und dem Herzen heraus: »Kannst du dir vorstellen, dass dein Freund für dich mittrinkt?« Das war eine sehr direkte Interpretation von Gandhis »Du und ich, wir sind eins«. Die junge Dame staunte und ich erklärte ihr, im Gefühl sind wir eben sehr stark mit unseren Liebsten verbunden, und wenn sie bestimmte Eigenheiten ihres Freundes ablehnt, dann hat das sicher etwas mit ihr zu tun. Er trinkt also, im übertragenen Sinne, »für« sie mit, da sie selbst es ja nicht tut. Zur Erklärung sei gesagt: Es geht hier eigentlich überhaupt nicht um das Trinken, sondern um den gemeinsamen Gefühlskörper der beiden und eher um das, was in der Gruppe gefühlsmäßig damit zusammenhängt: Geselligkeit, Ausgelassenheit und vielleicht auch ein Stück weit Kontrollverlust. Genau muss man das beim Hoppen zum Glück gar nicht wissen, die Liebe und die Akzeptanz wirken auch so.

Achtung, und jetzt kommt der Clou: Die junge Dame versteht das Prinzip auf Anhieb und bedankt sich erleichtert. Sofort schreibt sie ihrem Freund eine SMS: »Schatz, ich hab dich ganz doll lieb!« Mehr nicht! Und der Freund schreibt sofort zurück: »Maus, mit dem Alkoholtrinken höre ich jetzt auf!« Unglaublich, aber wahr!

Übung: *Wo lebt der andere, was ich nicht lebe?*

Zugegeben, bei dieser jungen Dame hat nur ein zweiminütiges Gespräch stattgefunden und noch kein richtiges Vergebungsritual. Trotzdem ist ganz viel dabei geschehen. Alles, was die junge Frau getan hat, war, in Betracht zu ziehen, dass ihr Problem etwas mit ihr zu tun hat. Als sie aus ihrer Ablehnung ging, war die Kraft der Liebe und Akzeptanz freigesetzt und konnte wirken. Darum schlage ich dir die passende Übung dazu vor.

Wenn du mit einem anderen Menschen gerade ein kleines oder größeres Problem hast, dann frage dich: Wo lehne ich diesen Menschen ab? Warum nervt er oder sie mich derart? Ist diese Person stellvertretend für mich zu faul/zu fleißig? Zu stur/zu locker? Zu energisch/zu lasch? Zu schlau/zu blöd? Zu egoistisch/zu selbstlos? Überlege einfach mal drauflos, vielleicht findest du ja eine Ablehnung, die du bei dir bisher noch nicht erkannt hast. Viel Spaß dabei!

Übung: *Die Herzenstechnik des Hoppens*

In jedem Fall aber kannst du, bei jedem Problem, das du in deinem Leben vorfindest, die Herzenstechnik machen. Kern dieser Übung ist wie schon gesagt die Annahme, dass du selbst irgendwie, ohne es zu wollen oder dass es dir bewusst wäre, zu diesem Problem in Resonanz stehst. Es muss etwas mit dir zu tun haben. Ein äußeres Problem spiegelt immer ein inneres.

Zunächst beginne damit, den Kontakt zu deinem Herzen zu suchen. Lege dazu am Einfachsten erst einmal beide Hände auf deine Brust und schließe die Augen. Was geschieht dabei? Du fühlst dich rasch entspannt, dein Atem geht ruhiger und du kommst ganz bei dir an. Wenn du magst, kannst du auch begleitend damit beginnen, den Kreuzatem zu machen. Nach einigen Minuten spürst du, wie deine Hände wärmer werden und die Verbindung zum Herzen des anderen allmählich aufgebaut wird.

Dann spreche innerlich die Worte: »Was auch immer in meinem Leben dazu geführt hat, dass dieses Problem mit diesem Menschen entsteht, es muss mit mir selbst zu tun haben. Und den inneren Teil in mir, der mit diesem Problem korrespondiert, den nehme ich in mein Herz. Und ich lade die Liebe in meinem Herzen ein, diesen Teil von mir einzuhüllen, in einen Kokon von Licht und Liebe.«

Stell dir vor, wie sich in deinem Herzen ein Ball von Licht und Liebe bildet und erstrahlt. Das Strahlen durchdringt diesen Teil in dir, der etwas mit dem Problem zu tun hat, und deine Hände auf der Brust nehmen die Energie als Wärme wahr. Stell dir vor, wie dieser Teil in dir immer mehr Energie bekommt, bis er selbst anfängt, zu strahlen. Lass diese Kraft in deinem Herzen wirken, damit dieser Teil in dir akzeptiert und angenommen wird, damit er sich verwandeln kann.

Eine kleine Erfolgsgeschichte (3)

In einem Ferienseminar hatte eine Teilnehmerin älteren Jahrgangs starke Probleme, dem Ablauf zu folgen, da sie doch recht schwerhörig war. Offenbar war sie aber zu eitel, ein Hörgerät zu benutzen, wie das eben manchmal so ist. Immer wieder im Laufe der Seminarwoche bat sie deshalb die anderen Teilnehmer und auch mich, lauter und deutlicher zu reden. Nach kurzer Zeit waren einige der anderen Teilnehmer davon mehr oder weniger genervt. Ich nahm es als gute Gelegenheit, die beiden Übungen einzusetzen, die ich gerade beschrieben habe. Zunächst im stillen Kämmerlein frage ich mich, was mich dabei so stört. Was lebt sie stellvertretend für mich? Oder auch: Was hat sie, bitteschön, was ich nicht habe? Und die Antwort war: Diese Frau traut sich was. Sie hat viel Energie und so viel Selbstbewusstsein. Sie sorgt dafür, dass sie bekommt, was sie benötigt.

Also machte ich gleich am ersten Seminartag die Herzenstechnik mit ihr: »Ich liebe den Teil in mir, der mit diesem Verhalten noch ein Problem hat. Ich liebe den Teil in mir, der sich noch nicht so traut, für seine Bedürfnisse zu sorgen. Ich liebe den Teil in mir, dem es noch am notwendigen Selbstbewusstsein mangelt.« Und so weiter. Ich liebte einfach immer wieder alles, was ich fand, und nahm diese Anteile in mein Herz.

Warum ich dir diese Geschichte erzähle? Am Ende der Woche sagte diese Frau von sich aus beim Verabschieden zur ganzen Gruppe: »Ach, wisst ihr, ich kaufe mir jetzt doch endlich mal ein Hörgerät!« Ist das nicht großartig? Offenbar hatte sie sich akzeptiert gefühlt und konnte nun ganz allein auf diesen Gedanken kommen.

Das dritte Prinzip der Liebe
Der andere Mensch, mit dem du deine Probleme hast, bleibt, wie er ist, bis du ihn akzeptierst.

Die Kraft der Liebe kann nur für uns wirken, wenn wir die Demut haben, sie in unserem Herzen wach zu küssen und zu

Hilfe zu rufen. Liebe wirkt aus sich heraus und findet Mittel und Wege, die uns selbst in unseren normalen Handlungen meist verwehrt bleiben. Liebe nutzt dabei die Fähigkeit, jedem das zu geben, was er am meisten braucht. Wenn ich mich akzeptiere, im ganzen Umfang meiner Unfähigkeit, mit diesem schwierigen Menschen umgehen zu können, ist die Tür geöffnet, auch den größten Blödmann in seiner Unart zu akzeptieren. *Wir sind eins.* Und wenn ich selbst spüre, der Letzte und Unfähigste zu sein, brauchst *du* es dann nicht mehr stellvertretend für *mich* zu sein. Ich heile mich, wir heilen uns.

Gemeinsam heilen wir die Welt.

4

Lade deine Liebe ein!

»Gib und vergib von Herzen gern, das ist des Glückes Keim und Kern.« – Richard Leopold Dehmel

»Man vergibt zu dem Grad, zu dem man lieben kann.« – François de la Rochefoucauld

➤ Die Herzenstechnik hat sich mit den Jahren immer mehr an die Neue Zeit angepasst. Die Liebe im Herzen ist heute viel spürbarer und jedem zugänglich geworden. Sie wirkt jetzt und hier, kann aber ebenso in Vergangenheit und Zukunft fließen. An diesem Punkt stelle ich dir verschiedene neue Formen des Hoppens vor, die von der Herzenstechnik inspiriert wurden und in denen die Liebe eine noch größere Rolle spielt. Vergebung nutzt die Kraft der Liebe. Beide hängen untrennbar zusammen. Martin Luther King meinte darum, wer unfähig ist, zu vergeben, der ist auch unfähig, zu lieben. Das gilt selbstverständlich auch umgekehrt.

Die Herzenstechnik haben wir nun schon ein wenig kennengelernt und es ist dabei sicherlich deutlich geworden, wie eng verbunden wir mit den Menschen unserer Umwelt sind. Über den Gefühlskörper sind wir in starkem Kontakt mit den Personen um uns herum und die Fähigkeit, den anderen zu spüren, wächst in genau dem Ausmaß, wie es uns gelingt, den anderen gegenüber unser Herz zu öffnen. Wenn wir vergeben, nehmen wir den anderen in unser Herz und schenken ihm unsere Liebe. Wirkliche Vergebung findet in unseren Herzen statt und ist nicht allein auf die mentale Ebene begrenzt. Wenn wir im Herzen vergeben, dann vergisst auch der Verstand ganz schnell, was Anlass und Hintergrund unseres Konflikts gewesen ist. Wir können uns kaum noch daran erinnern.

Erst die Kraft der Liebe schenkt uns wirklich die Fähigkeit, dem anderen zu vergeben.

Wenn es uns aber nicht so recht gelingen möchte, einem anderen zu vergeben, dann sind die damit zusammenhängenden Geschehnisse unserer Vergangenheit noch nicht geklärt. Wir denken noch immer daran und hängen somit Dingen nach, die vielleicht bereits Jahre vorbei sind. Macht das irgendetwas besser? Sicher nicht, und das gilt sowohl für den anderen wie für uns selbst. Wir versuchen, dem anderen Menschen Schuld zu geben und ihn so zu belasten, merken aber nicht, dass wir dabei uns selbst das Leben schwer machen. Wir werden die Belastung ja nicht los mittels unserer Vorwürfe, nein, wir geben sie uns vielmehr selbst. *Du und ich, wir sind eins.*

In einem anderen Bild betrachtet: Wie sollen wir zuversichtlich und frohgemut nach vorn, in eine glückliche Zukunft schreiten, wenn wir doch, mangels der Kraft zur Vergebung, immer nur nach hinten blicken? Wir sind dann viel zu sehr beschäftigt mit der Vergangenheit, unsere ganze Lebensenergie fließt nach hinten und verpufft nutzlos. Wir betrachten dabei nämlich immer nur solche Geschehnisse, die längst vergangen und somit nicht mehr zu ändern sind. Klingt das irgendwie verrückt? Ganz bestimmt!

Würdest du in ähnlicher Weise dein Auto steuern, dann würdest du zwar nach vorn fahren, den Blick aber unentwegt in den Rückspiegel richten. Ähnlich leben wir, wenn wir nicht vergeben. Was passiert, wenn du auf diese Weise ein Auto fährst? Du knallst ganz sicher früher oder später in ein Hindernis. Das ist wohl kaum anders zu erwarten. Und doch fällt es uns so ungemein schwer, zu vergeben. Es ist wirklich eine Herausforderung.

Aber es ist eine Herausforderung, die sich lohnt. Gelingt es uns, zu vergeben, dann wird die Energie unseres Bewusstseins nicht mehr unnötig verschwendet, da das Vergangene nicht mehr zu ändern ist. Wir werden frei vom ewigen Blick in den Rückspiegel und können uns viel mehr mit der näheren Zukunft auseinandersetzen, die auf uns zukommt. Die Fähigkeit zur Vergebung hilft uns dabei. Wenn ich in mir spüre, dass ich noch zu oft an alten Begebenheiten klebe und nicht von ihnen loskomme, kann mir die Herzenstechnik in ihren neuen Formen dabei helfen. Im Laufe der Zeit sind nämlich bei der praktischen Anwendung des Hoppens viele neue Variationen entstanden, die ich dir hier vorstellen möchte.

Vergebung befreit uns von den Verstrickungen der Vergangenheit.

Die Hawaiianer sagen sogar, Ho'oponopono klärt die Vergangenheit durch alle Generationen, bis hin zum Anbeginn der

Zeit. Liebe wirkt über Zeit und Raum hinweg. Darum stelle ich dir jetzt zwei Übungen vor, bei denen wir die Liebe in die Zukunft, aber auch in die Vergangenheit senden können. Gleich erzähle ich dir mehr darüber. Zunächst möchte ich dir aber zur Vorbereitung die Herzenstechnik vorstellen, in der Art, wie ich sie heute in meinen Seminaren weitergebe.

Dazu gehen wir in zwei Schritten vor.

Übung: *Deine Liebe ausatmen*

Such dir als Erstes einen Platz auf einem Stuhl oder einem Meditationskissen und atme ein paar Mal ein und aus, bis du dich entspannt fühlst. Beginne dann, ganz bewusst in dein Herz zu atmen, hinein und wieder hinaus, und sage dir dazu bei jedem Atemzug innerlich: »Ich atme ein in mein Herz«, und »Ich atme aus meinem Herzen wieder aus«. Wiederhole diese Atmung für einige Minuten. Wie fühlst du dich dabei? Dann gehe einen Schritt weiter und stelle dir vor, du könntest die Liebe im Herzen sehen. Wie sieht sie für dich aus? Ist es ein Leuchten, ein Funkeln, ein Licht, ein Schwarm von Glühwürmchen, die im Raum deines Herzens hin- und herschwirren? Verwende das Bild, das sich dir zeigt, und atme wieder in dein Herz hinein und aus. Lade dann deine Liebe ein, auf den Atem überzuspringen, und atme diesen leuchtenden, strahlenden Atem aus deinem Herzen mit den Worten aus: »Ich atme meine Liebe aus und umhülle mich mit ihr.« Stell dir vor, bei jedem Atemzug wieder neu in dein Herz zu atmen, die Liebe dort auf den Atem zu laden und dann auszuatmen. Wie geht es dir dabei? Nach einer Weile kannst du dich vor deinem inneren Auge betrachten, wie du durch dein Atmen eingehüllt wirst in eine Art

Kokon von Licht und Liebe, der sich immer weiter und dichter um dich herum bildet. Fühle in den Kokon hinein und beende die Übung, wenn es sich für dich richtig anfühlt.

Mit Hilfe dieser Übung kannst du deine Liebe dazu einladen, für dich selbst wirksam zu werden. Indem die Liebe auf deinen Atem überspringt, bekommt sie sozusagen Beine und wird beweglich. Sie kann mit dem Atem mitfließen und so in deinem Gefühlskörper wirken. Ähnlich wie beim Kreuzatem ist für mich jedoch das Wichtigste dabei, dass du auf diese Weise deine Liebe *spüren* kannst. Mit dieser Erfahrung ausgestattet, kannst du viel besser an die Kraft der Liebe glauben – und dann kann in der Folge dieser Glaube die sprichwörtlichen Berge versetzen.

Nun hast du dich und deinen ganzen Körper in Liebe eingehüllt, und jetzt gehen wir den zweiten Schritt und tun dasselbe, nur eben bei der neuen Form der Herzenstechnik in deinem Herzen mit dem Teil in dir, der mit einem beliebigen äußeren Problem korrespondiert. Wähle also irgendein Thema aus, am besten mit einem anderen Menschen, den du bald wiedersehen wirst, durch das du mit ihm gerade in Spannung oder Auseinandersetzung stehst. Dann kannst du gleich herausfinden, ob dir die Herzenstechnik bereits geholfen hat. Oft, wie beim eben beschriebenen Beispiel der jungen Frau mit dem Freund, der manchmal Alkohol trinkt, kann sich der Erfolg schon sehr bald einstellen.

Übung: *Liebe den Teil in dir*

Beginne wieder wie bei der letzten Übung und atme einfach ein paar Mal locker ein und aus. Dann stell dir wieder vor, du könnest die Liebe in deinem Herzen sichtbar machen als Leuchten, als Funkeln oder Strahlen. Atme dann wieder ein in dein Herz und lade dieses Leuchten ein, auf deinen Atem aufzuspringen.

Nun denke an das Problem mit der betreffenden Person und lade innerlich den Teil in dir, der mit diesem Problem zusammenhängt, in dein Herz ein. Dieser Teil weiß, dass er gemeint ist, du selbst musst ihn gar nicht kennen. Dann bitte die Liebe wieder, diesen Teil einzuhüllen, so wie du gerade dich selbst als ganzen Körper eingehüllt hast. Sage dabei innerlich: »Ich hülle den Teil in mir ein mit dem Atem meiner Liebe, der mit diesem Thema zusammenhängt. Ich bitte die Liebe, diesen Teil in mir zu heilen und zu verwandeln, wie es die Liebe im höchsten Sinne für richtig hält.« Visualisiere, wie dein leuchtender Atem sich in deinem Herzen um den Teil hüllt und einen kleinen Kokon bildet. Bei jedem Atemzug wird dieser Kokon dichter und strahlender. Es ähnelt ein wenig dem Prozess, bei dem eine Raupe sich verpuppt, um ein Schmetterling werden zu können. In diesem Kokon von Liebe steckt nämlich eine ebenso große Kraft der Transformation. Beende diese Übung, wenn es sich für dich richtig anfühlt.

Viele Menschen berichten, wie entspannt und gelöst sie sich fühlen, wenn sie diese Übung zum ersten Mal ausführen. Manche haben sofort ein Gefühl von Erleichterung oder dass ihnen eine Last von den Schultern genommen wird. Erwarte es aber nicht, sondern vertraue auf dein eigenes Gefühl. Sei auch bitte nicht enttäuscht, wenn keine großen Gefühle dabei in dir auftreten. Einmal entfuhr einer Teilnehmerin in einem Seminar der ganz enttäuschte Satz: »Und das ist alles?!« Ja, das ist wirklich schon alles. Der Satz dieser Frau zeigt nur, wie sehr wir den Begriff Liebe mit Vorstellungen zugepflastert haben. Einzig dadurch kann es zu einer solchen Enttäuschung kommen.

Ent-täuschung bedeutet übersetzt: »Das Ende einer Täuschung.« Darum erzähle ich dies hier, denn Liebe sollten wir ganz persönlich fühlen und erfahren, wie sie für uns ist. Jede Liebe ist individuell und ganz besonders, darum ist es immer gut, keine Vorstellungen von anderen als eigene zu übernehmen, das kann nur in einer *Ent*-täuschung münden.

Liebe ist unspektakulär.

Wir dürfen also festhalten: Liebe ist, wie sie nun mal ist. Sie muss kein großes Aufhebens um sich machen. Erinnere dich an Gandhis Satz, demzufolge Liebe das Machtvollste und gleichzeitig Demütigste ist, das wir kennen. Gerade, weil sie ihre Kraft so geschickt zu verstecken vermag, hat sie so viel davon vom Himmel mitbekommen.

Wenn wir die Liebe einladen und die neue Form der Herzenstechnik praktizieren, wird uns die versteckte Kraft der Liebe immer mehr bewusst. So wie im Fitnessstudio trainieren wir dabei unsere Fähigkeit, die Liebe anzuwenden, sammeln Erfahrung und stärken die Kraft der Liebe in uns.

Bei der Herzenstechnik nutzen wir die Liebe zur Vergebung. Wir bitten die Liebe, den Teil in uns zu verwandeln, der mit diesem äußeren Problem zusammenhängt. Damit nutzen wir sie zur Heilung unserer Beziehung mit dieser Person. Sinnbildlich lassen wir die Liebe wirken, nicht nur für uns, sondern auch zum Wohle dieses anderen Menschen, mit dem wir gerade ein schwieriges Thema haben. Damit kommen wir zu einer weiteren neuen Variante der Herzenstechnik.

Übung: *Deine Liebe wirken lassen*

Den Anfang der Übung kennst du schon. Atme ein paar Mal ein und aus. Nun lass die Liebe in deinem Herzen so wie vorhin wieder als Leuchten und Strahlen sichtbar werden. Atme ein in dein Herz und lade die Liebe auf deinen Atem ein. Sieh vor deinem inneren Auge, wie dein Atem im Herzen immer heller strahlt. Dann denke an den anderen Menschen, mit dem du gerade in einer schwierigen Situation bist. Stell dir vor, dieser Mensch stünde gerade vor dir. Atme so wie vorhin aus und hülle dich ein in den Atem deiner Liebe. »Ich atme meine Liebe aus dem Herzen aus.« Diesmal aber nimmst du diese andere Person mit in deinen Atem hinein. Hülle dich mit der anderen Person in den Kokon aus Liebe und bitte die Liebe, die Spannung und den Streit zwischen euch zu beheben. Stell dir vor, wie in diesem Kokon, in dem ihr beide euch befindet, gearbeitet wird, wie die Energien dabei zwischen euch harmonisiert und ausgeglichen werden. Sag dir unterstützend innerlich dazu: »Ich nehme diesen Menschen in mein Herz und bitte die Liebe, den Teil in mir zu heilen, der mit diesem Problem zusammenhängt.« Beende die Übung nach einigen Minuten, wenn es sich für dich richtig anfühlt.

Vergeben ist genau das: die Liebe auch und gerade zu dem Menschen fließen lassen, den wir in diesem Moment am meisten ablehnen. Ich möchte sogar sagen, unsere Liebe ist genau zu diesem Zweck gemacht. Damit unser Herz sich vergrößern kann, wachsen wir dabei über unsere Ablehnung hinaus und versenden Liebe an diejenigen, die es scheinbar am wenigsten verdienen, an die schwierigen und nervigen Personen um uns herum. Wenn unser Herz sich vergrößert, haben immer mehr Menschen darin Platz. Und unsere Liebe und damit unsere Fähigkeit zur Vergebung wächst in eben diesem Ausmaß.

Clemens von Brentano fasste dies in die Worte:

> *Die Liebe allein versteht das Geheimnis, andere zu beschenken und dabei selbst reich zu werden.*

Unsere Liebe wird mehr, je mehr wir sie verschenken. Sie wird wie ein Muskel stärker und größer, wenn wir sie nur genügend oft trainieren. Hier habe ich noch zwei nette Möglichkeiten im Angebot, die du dazu nutzen kannst. Wir können unsere Liebe nämlich außerdem in die Zukunft und die Vergangenheit fließen lassen.

Mal angenommen, morgen hast du einen Termin, der dir besonders großes Kopfzerbrechen bereitet. Das kann ein erstes Date, ein Vorstellungsgespräch oder zum Beispiel eine Aussprache mit einer guten Freundin sein. Zum Glück kannst du die Herzenstechnik genauso erfolgreich auf ein Problem anwenden, das noch gar nicht entstanden ist, sondern das nur latent in deiner Zukunft auf dich wartet. Dann kann dir die nächste Übung sicher helfen.

Übung: *Liebe in die Zukunft schicken*

Atme wieder einmal kurz ein in dein Herz und aus deinem Herzen wieder aus. Lass die Liebe sichtbar werden als Funkeln oder Strahlen. Lass dieses Leuchten nun wieder auf deinen Atem überspringen. Stell dir vor, du könntest vor deinem geistigen Auge die Zeit sehen als Straße, Fußweg, Fluss oder Energiestrahl, der von hier und heute bis zu dem Termin reicht, der dir Sorgen macht. Atme nun in deiner Vorstellung aus dem Herzen aus und hülle diese Zeitlinie ein mit dem Atem deiner Liebe, wie du es eben in den Übungen zuvor mit dir selbst, dem Teil in dir oder dem anderen Menschen gemacht hast. Sage dir dazu innerlich: »Ich lasse meine Liebe in die Zukunft fließen, bis hin zu diesem Termin. Ich bitte die Liebe, in dieser Zeit zum Guten zu wirken, zum Wohle für mich und alle Beteiligten.« Hülle nun den Zeitpunkt des kritischen Termins besonders dicht ein in einen Kokon und bitte die Liebe, im besten Sinne dort zu wirken. Beende die Übung, wenn es sich für dich richtig anfühlt.

Von dieser Übung gibt es noch ein paar Variationen. Wenn ich zum Beispiel eine längere Autofahrt vor mir habe, stelle ich mir kurz die Zeitlinie von jetzt bis zur sicheren Ankunft am Zielort vor. Ich lade wieder die Liebe ein und lasse sie über diese Zeitspanne wirken. Das Gleiche mache ich jetzt immer am Ende eines Seminars, wenn alle Teilnehmer auf den Nachhausweg gehen. Ebenso verfahre ich zu Anfang eines Seminares, gemeinsam mit den Teilnehmern lade ich dann die Liebe ein, über die Zeit des Seminars zu wirken, damit ein gutes Seminar geschehen kann und alle Fragen beantwortet werden, die in den Herzen der Teilnehmer noch schlummern.

Seit meine Kinder größer sind und allein in die Ferien fahren, lade ich die Liebe ein, ihre Reise zu begleiten und sie sicher wieder nach Hause zu bringen. Alternativ kann man zu diesem Zweck natürlich auch einen Engel einladen. Doch dazu in einem späteren Kapitel mehr.

Zu Silvester ist es ein schönes Ritual, diese Übung für die Zeit bis zum nächsten Jahreswechsel zu machen, also für das kommende Jahr. Wieder stelle ich mir dazu die Zeitlinie der 365 kommenden Tage vor und hülle sie in den Atem der Liebe ein, damit sie für alle Beteiligten wirksam werden kann. Und selbstverständlich kann ich ebenso das vergangene Jahr voller Dankbarkeit für die vielen guten Dinge in Liebe hüllen, die geschehen sind. Und damit sind wir bei der Möglichkeit, auch die Vergangenheit in Liebe zu hüllen, damit die Liebe hier ebenfalls ihre heilsame Wirkung entfalten kann.

Diese Übung ist besonders dann nützlich, wenn du bei dir feststellst, dass du immer wieder zurück in die Vergangenheit denkst. Vielleicht haderst du dabei mit einem anderen Menschen, vielleicht wirfst du dir selbst aber auch ein falsches Verhalten vor und kommst nicht darüber weg. Hier, an einem bestimmten Punkt deiner Vergangenheit, hängst du regelrecht fest.

Übung: *Liebe in die Vergangenheit schicken*

Ähnlich wie bei der letzten Übung atme wieder in dein Herz und bitte die Liebe erneut, dort auf deinen Atem überzuspringen. Stell dir dann vor, wie die Zeitlinie vor deinem inneren Auge entsteht, diesmal von hier und heute bis zurück zu jenem vergangenen Zeitpunkt, an den du immer noch denken musst. Atme wieder aus deinem Herzen den Atem deiner Liebe aus und lass ihn über die Zeitlinie fließen. Wie sieht deine Zeitlinie dieses Mal aus? Sie kann immer neue Formen annehme, oder auch gleich aussehen. Du fühlst und schaust sie dir einfach vor deinem inneren Auge an.

Nun kommt dein Liebesatem an dem Zeitpunkt an, an den du immer wieder zurückdenkst. Hülle deinen Atem hier wieder besonders dicht um diesen Moment und bilde wieder einen Kokon, den du mit Licht und Liebe anfüllst. Lass diesen Moment deines Lebens nun ganz hell aufleuchten, damit die Liebe hier ihre segensvolle Arbeit tun kann. Beende die Übung, wenn es sich richtig anfühlt.

In einer Meditation habe ich dazu eine Variante entdeckt, die dir vielleicht auch Freude machen könnte. Dazu nehmen wir die Zeitlinien unserer Väter und Mütter mit dazu und heilen die Bande, die uns noch mit unserer Familienwurzel verbinden.

Übung: *Deine Familienwurzeln lieben*

Atme erneut in dein Herz und lass die Liebe wieder auf den Atem überspringen. Nun sieh wieder deine Zeitlinie vor deinem inneren Auge entstehen, dieses Mal aber ganz lang, bis zum Beginn, als deine Seele auf die Welt gekommen ist. Hier verzweigt sich deine Zeitlinie und die beiden Linien deiner Mutter und deines Vaters kommen hinzu.

Lass die Liebe wieder aus deinem Herzen fließen und durch die Zeit zurück, deine Lebenslinie entlang und dann auch die Linien deiner Eltern. Es steht dir frei, dann die Linien deiner Eltern bis zu deren Ursprung entlang zu verfolgen und die Linien deiner Großeltern und Urgroßeltern mit dazu zu nehmen. Geh soweit zurück, wie es sich richtig anfühlt, und lass die Liebe aus deinem Herzen in die Wurzeln deiner Ahnen fließen.

Was möchtest du ihnen sagen? Lass die Liebe voller Dankbarkeit fließen für all die guten Eigenschaften, die du dank deiner Familie mit auf diese Welt bekommen hast.

Und bitte die Liebe, alle Verstrickungen, karmischen Verbindungen und Schuldvorwürfe deiner Herkunftsfamilie gegenüber zu heilen, die du bewusst oder unbewusst noch in dir trägst.

Sage dir innerlich, im Frieden mit dir selbst: »Ich bitte die Liebe in meinem Herzen, zum Wohle meiner ganzen Familie in meiner Familienwurzel zu wirken.«

Diese Übung ähnelt dem Familienstellen, und überhaupt hat Ho'oponopono eine vergleichbare Wirkung wie diese. Oft hängen wir in irgendwelchen Vorwürfen fest, die bei genauerer Betrachtung dem Licht der Wirklichkeit nicht mehr standhalten können. Das Herz und die Liebe zeigen uns in ihrer Weisheit, welche Wahrheit sich noch zeigen möchte. In Kapitel 5 zeige ich dir, wie das geht: dein Herz befragen.

Eine kleine Erfolgsgeschichte (4)

Eine Leserin schrieb mir:

Lieber Manfred,

vor kurzem habe ich dein Buch *Verzeih Dir!* wieder hervorgekramt, das ich mir vor zwei Jahren besorgt hatte. Ich habe gerade eine schlechte Phase und musste immer wieder an dieses Buch denken, da es mir seinerzeit in einer ähnlichen Situation einmal sehr geholfen hatte.

Ich habe schon alle möglichen Therapien ausprobiert, aber die Techniken, die du hier beschreibst, sind tatsächlich das Einzige, was mir wirklich hilft.

Heute habe ich darum wieder einen kurzen Abschnitt aus deinem Buch gelesen, eine Technik angewendet, und seitdem fühle ich mich schon wieder viel besser und freier.

Jetzt habe ich einfach das Bedürfnis, dir einmal mitzuteilen, wie viel Mehrwert dein Buch mir gebracht hat, und hoffe, dass du auch weiterhin deine Techniken und die damit verbundenen positiven Erfahrungen mit den Menschen teilst.

Herzliche Grüße, Marion

Das vierte Prinzip der Liebe
Unsere Liebe gewinnt an Kraft, je mehr wir sie zum Guten einsetzen.

Liebe braucht Training. Der Muskel der Liebe wird immer stärker, je mehr wir ihn einsetzen und verwenden. Liebe hat in sich die Eigenschaft, geduldig darauf zu warten, bis wir sie endlich entdecken. Dann aber entfaltet sie ihre Stärke, je öfter wir sie einladen und fließen lassen. Dabei wirkt sie über Zeit und Raum hinweg, in der Gegenwart ebenso wie in der Vergangenheit und der Zukunft. Dabei verfolgt sie ihre eigenen Ziele: Sie wirkt, wie der Himmel es von ihr möchte.

5

Die Stimme deines Herzens hören

»Ich kann dir die Antwort auf alle Fragen geben, denn sie ist mein, die Liebe.« – Rumi

»Höher vermag sich niemand zu heben, als wenn er vergibt.« – Johann Wolfgang von Goethe

➤ Seit im Jahr 2008 das Hoppen entstanden ist, hat sich wohl keine der damit verbundenen Techniken so sehr weiter entwickelt wie die doppelte Verständnistechnik. Am Anfang als eher mental angelegte Fragerunde konzipiert, hat sie sich in den letzten Jahren immer mehr zu einer zweiten Herzenstechnik entwickelt. Denn neben der großen transformatorischen Kraft, den Teil in mir zu verwandeln, der mit einem äußeren Problem zusammenhängt, hat das Herz außerdem die besondere Fähigkeit, mir Antworten zu geben, wenn ich es in Liebe befrage. Hier stelle ich dir verschiedene neue Formen der Verständnistechnik vor.

Im Laufe der Zeit verändert sich die Dinge, da auch die Zeit niemals dieselbe ist. Als Mensch spüren wir in die Qualität der Zeit hinein und können so fühlen, was in diesem Augenblick für uns richtig ist und wie wir etwas tun sollten. Ich habe hier bereits darüber berichtet, wie wir das Hoppen damals entwickelt haben, einfach weil das klassische Ho'oponopono unserem Gefühl nach nicht das Richtige für uns war.

In der Neuen Zeit, in der wir nun leben, nimmt diese Herausforderung immer mehr an Wichtigkeit zu: *Folge deinem Gefühl!* Die Frage »Wie fühlt sich das für dich an?« wird damit zu einer wegweisenden Richtschnur in unserer rasanten Welt, die sich ständig verändert und die somit fortwährend von uns verlangt, uns den neuen Umständen aufs Neue anzupassen. Was könnte ein besseres Kriterium für uns dabei sein als unser Gefühl? *Mach es so, wie es sich für dich richtig anfühlt!*

Wie jedes Mal, wenn eine große Veränderung in der Zeitqualität geschieht, gibt es neben denjenigen, die den neuen Weg beschreiten, ebenso die Traditionalisten, die das Althergebrachte und damit Bewährte bewahren wollen. In jeder Generation gibt es diesen Wettstreit zwischen Alt und Jung, und nun, am Übergang ins neue Jahrtausend, ist der Wechsel vielleicht besonders ausgeprägt. Nun wechseln wir nämlich allesamt von der männlichen, verstandesorientierten Betrachtungsweise der Welt hin zur weiblichen, gefühlsgeleiteten Sichtweise.

Unsere Neue Zeit ist mehr geprägt vom Fühlen und immer weniger vom Denken.

Der Wandel der doppelten Verständnistechnik ist da nur einer von vielen. Insgesamt mache ich diese Veränderung daran fest, dass in der männlichen Betrachtung bisher ein guter und richtiger Weg vorgegeben wird, für den es dann genaue Vorschriften und Checklisten gibt, nach dem Motto: »So ist es richtig!« Und zwar *nur* so. Die weibliche Herangehensweise ist stattdessen kreativer und vielschichtiger, sie sagt lieber: »Heute mache ich es so, und morgen vielleicht ganz anders!« Eben so, wie es *dann* meinem Gefühl entspricht.

Strukturierte Typen haben damit durchaus größere Schwierigkeiten. Ich erinnere mich noch gut an den Gegenwind der Traditionalisten, als wir unser erstes Buch zum Hoppen schrieben. Wie konnten wir uns erdreisten, die uralte Vergebungstechnik der Hawaiianer abzuwandeln! Später stellte sich heraus, dass es »die eine, wahre« Technik gar nicht gibt und auch auf Hawaii je nach Stammesgruppe verschiedene Variationen existieren. Der große griechische Arzt Hippokrates sagte in diesem Zusammenhang sehr treffend: »Wer heilt, hat Recht!« Und das kreative Füllhorn der Schöpfung ist so groß, dass es immer wieder neue Ideen und Möglichkeiten zur Heilung hervorbringt.

Der weibliche, neue Weg ist für viele von uns aber auch sehr schwer zu beschreiten, da wir daran gewöhnt sind, es anderen nachzumachen. Wenn ich meinem Gefühl folgen möchte, gibt es keine Beispiele und Checklisten mehr, an denen ich mich orientieren kann, um es »richtig« zu machen. Ich laufe damit ständig Gefahr, auf meinem gefühlten Pfad in die Irre zu laufen und etwas »Falsches« zu tun.

Die doppelte Verständnistechnik eignet sich zum Glück wunderbar, in einer kleinen Gruppe über die vielen Ideen zur Beantwortung einer Frage zu staunen. Ja, so könnte es auch sein! Und dabei löse ich mich dann von meiner vorgefertigten, fixen Meinung, was in sich schon die positive Veränderung in meinem Inneren sein kann, die das äußere Problem auflöst. Der große persische Dichter Rumi sagt dazu:

Hinter der Meinung von Falsch und Richtig
liegt ein Garten. Dort werden wir uns treffen.

Das ist eine wunderschöne Beschreibung für die Qualität unserer Neuen Zeit. Heute mache ich es so, wie es meinem Gefühl entspricht, und morgen vielleicht ganz anders. In dem Moment, wo ich meinem Gefühl folge, ist das gut und stimmig für mich. Falsch und richtig sind Bewertungen meines Verstandes, die immer mehr an Bedeutung verlieren werden. Genau genommen führen die Beurteilungen und Verurteilungen meines Verstandes überhaupt erst dazu, dass ich jemanden als falsch oder schlecht betrachte.

Die doppelte Verständnistechnik schenkt mir die Kraft zur Vergebung, da ich in mein Herz hineinlausche und feststelle: Es gibt ja noch ganz viele andere Möglichkeiten, warum dieser Mensch sich so verhalten hat! Vielleicht habe ich mich in meiner Meinung über ihn geirrt!

Jetzt sehe ich diese Person mit ganz anderen Augen – eben mit den Augen meines Herzens.

Vergebung kann auch einfach nur bedeuten,
meine falsche Beurteilung loszulassen.

Nun bist du sicher neugierig geworden, was es mit der doppelten Verständnistechnik auf sich hat.

Genau das wollte ich erreichen!

Stell dir also vor, Klaus hat Streit mit Robert. Robert möchte den Unfrieden schlichten und wendet die doppelte

Verständnistechnik an. Dazu lädt er sich ein paar Freunde in sein Wohnzimmer ein oder kommt zu einem meiner Seminare. Auf jeden Fall braucht es meist ein paar andere, die unvoreingenommen sind und am besten gar nicht in den Streit involviert sind. Im Seminar kennen sich die Teilnehmer ja anfangs erst einmal gar nicht, darum fällt die Verständnistechnik hier oft leichter.

Robert schildert in knappen Worten das Thema, um das es zwischen Klaus und ihm geht. Dabei sollte bitte nie zu viel erzählt werden, da Details nur den Verstand füttern und es so schwerer machen, das Herz zu hören. Die Kunst ist hier, nur das Notwendigste zu berichten. Dann kommen die zwei Schritte der doppelten Verständnistechnik (darum auch das »doppelte« darin):

- *1. Schritt.* Wir schauen den anderen Menschen an, der meist gar nicht im Raum anwesend ist, und fragen unser Herz: Wenn ich Klaus wäre, warum hätte ich mich so verhalten? Und wir sammeln dann die Antworten ohne Kommentare und Gespräche untereinander ein. Es ist hilfreich, sie aufzuschreiben.
- *2. Schritt.* Nun kommt Robert und damit der Anwesende dran. Wir fragen diesmal unser Herz: Wenn ich Robert wäre, warum hätte ich mir diese Situation mit Klaus so ausgewählt? Was ist der tiefere Sinn dahinter? Wieder sammeln wir dann die einzelnen Antworten reihum ein, ohne Kommentare oder Diskussionen aufkommen zu lassen. Am Ende erzählt Robert von seinen Erkenntnissen. Es ist übrigens ganz normal, wenn Robert bei dieser zweiten Fragerunde keine Antwort bekommt. Uns selbst gegenüber sind wir oft weitestgehend betriebsblind, darum haben wir diese Verständnistechnik ja überhaupt erst kreiert.

Beispiel: Ruth kommt ins Seminar und berichtet, ihr Vater liege im Sterben und nun wäre somit die letzte Gelegenheit für sie gekommen, ihm noch zu Lebzeiten zu vergeben. Dieser Vater hat in ihrer Jugend sehr viel geschrien und darum hat sie leider kein gutes Verhältnis zu ihm, bis heute.

Natürlich sind alle gern bereit, die Verständnistechnik anzuwenden. Im ersten Schritt fragten sich alle Teilnehmer: Wenn ich dieser Vater wäre, warum hätte ich mich so verhalten?

Hier ist übrigens eine gute Gelegenheit zum Mitmachen. Übe dich doch gleich jetzt in der doppelten Verständnistechnik und stelle dir die gleiche Frage. Warum hättest du dich so verhalten? Finde deine eigene Antwort, bevor du weiterliest.

Antworten, die bei dieser Frage gefunden wurden, waren zum Beispiel die folgenden:

- Ich als dieser Vater hätte geschrien, weil ich mich machtlos fühlte. In meiner Ohnmacht wusste ich mir keinen anderen Rat, also: Jetzt zeige ich euch meine Macht!
- Wenn ich dieser Vater wäre, wäre ich als Kind von meiner Mutter verhätschelt worden und hätte alles bekommen, was ich wollte. Nun verhält sich meine Frau ganz anders, verlangt ganz viel von mir. Ich schreie, da ich meine Mutter zurückhaben will, ich verstehe nicht, warum meine Frau sich so anders verhält.
- Als dieser Vater würde ich mich selbst nicht lieben und gebe durch das Geschrei meine Minderwertigkeit an meine Familie weiter.
- Wenn ich dieser Vater wäre, käme ich aus einer Familie, in der viel geschrien worden ist. Meine Prägung ist daher: Wenn man sich liebt, schreit man sich an. Ich verwechsle Geschrei mit Liebe.

Die gefundenen Antworten können sehr unterschiedlich sein und sich durchaus widersprechen. Es braucht darum durchaus ein wenig Mut, eine manchmal auch abweichende Antwort auszusprechen. Jeder fühlt sich über sein Herz in den anderen Menschen ein und findet dort die für ihn stimmige Antwort. Oft sagen die Teilnehmer, die das Thema auf diese Weise anschauen wollen, übrigens trotz der Vielfalt der Antworten, dass alle irgendwie richtig sind. Bei Ruth war das auch der Fall. Aber kommen wir nun zu Ruth selbst. Alle Teilnehmer fragten im Anschluss daran nämlich ihr Herz: Wenn ich Ruth wäre, warum hätte ich mir diese Situation mit dem Vater so ausgewählt?

Nochmals eine prima Möglichkeit für dich, ein wenig zu üben. Also, wenn du Ruth wärst, warum hättest du dieses Thema mit diesem Vater gehabt? Schau in dein Herz, welche Antwort sich zeigen möchte.

Und wieder kamen einige Antworten von Seiten der Teilnehmer:

- Wenn ich Ruth wäre, hätte ich ebenso wie mein Vater einen großen Durchsetzungswillen. Nur durch die Reibung an meinem Vater habe ich gelernt, so stark zu werden.
- Als Ruth wäre ich in dieses Elternhaus hineingeboren, um aus mir selbst heraus zu lernen, mich wirklich zu lieben und anderen zu vergeben.
- Wäre ich Ruth, hätte ich mir diesen Vater so ausgesucht, um an diesem Beispiel zu lernen, meine eigenen Kinder später besser und umsichtiger zu erziehen. Wahrscheinlich bin ich deshalb selbst Erzieherin geworden.
- Wenn ich Ruth wäre, hätte ich so den Schatten erlebt, um das Licht noch mehr zu suchen und mehr zu schätzen.

Wichtig ist, das sei nochmals erwähnt: Es geht bei den Antworten nicht um richtig oder falsch, sondern allein darum, Ruth dabei zu unterstützen, neue Sichtweisen auf ihre Kindheit entdecken zu dürfen. Man könnte sagen, wenn alle Teilnehmer in den Raum ihres Herzens eintreten, bekommt Ruth von jedem die Antwort, die dieser Quelle entspringt. Auch eine objektiv »falsche« Antwort kann »richtig« sein, wenn Ruth damit nur auf den richtigen Weg gebracht wird. Die Liebe im Herzen wird schon wissen, was das Beste ist. *Beim Hoppen geht es immer auch darum, der Liebe zu vertrauen.*

Und – noch wichtiger – jeder Teilnehmer führt bei Schritt eins und zwei der Verständnistechnik am Ende die Herzenstechnik mit *dem Teil in sich* durch, der sich unter gewissen Umständen ebenso wie dieser Vater verhalten (Schritt 1) oder der ebenso wie Ruth ähnliche Situationen im Leben anziehen könnte (Schritt 2). Jeder Mitwirkende heilt dadurch seinen Anteil an diesem Thema und wirkt somit transformierend auf sich selbst, die Gruppe und natürlich auch auf Ruth ein.

Ruth war jedenfalls schon nach den beiden Runden wie verwandelt. Bei der Beschreibung ihres Vaters hatte ihre Stimme anfangs noch sehr hart und verletzt geklungen, im Anschluss an die beiden Schritten war ihre Stimme viel ruhiger und nachdenklicher geworden. Sie versprach allen, gleich nach dem Seminar ihren Vater zu besuchen und dann ein gutes, vergebendes Gespräch mit ihm zu führen. Die Verständnistechnik zeigte so einmal mehr:

Es ist nie zu spät für eine glückliche Vergangenheit!

Soweit also die Verständnistechnik, wie sie 2008 das Licht der Welt erblickte. Damals haben wir uns einfach die Fragen gestellt, kurz meditiert und Antworten aus dem Verstand heraus gefunden. Heute bin ich dazu übergegangen, Antworten lieber gleich aus dem Herzen heraus zu geben, denn erfahrungsgemäß sind sie auf diese Weise irgendwie tiefer und aussagekräftiger. Der Tradition folgend bin ich aber bei der alten Bezeichnung »Verständnistechnik« geblieben. Eine zweite »Herzenstechnik« wäre vielleicht dann doch zu verwirrend geworden.

Nichtsdestoweniger möchte ich dir nun zeigen, wie ich heute in meinen Seminaren die Herzen der Teilnehmer zum Sprechen bringe.

Übung: *Dein Herz befragen*

Um mit deinem Herzen in Verbindung zu treten, ist die Vorgehensweise anfangs ähnlich wie bei der Herzenstechnik. Atme einige Male ein und aus und konzentriere dich dann auf deine Herzregion. Atme, wie dir bekannt, in dein Herz ein und wieder aus. Wenn du den Kontakt zu deinem Herzen hergestellt hast, lass vor deinem inneren Auge das Bild eines Sees entstehen, der, umgeben von einem dichten Wald, ganz still im Sonnenlicht liegt. Betrachte die kleinen Wellen, die über die Spiegelung der Sonne auf der Oberfläche laufen, und versinke voll und ganz in der Stille, die dieses Bild vermittelt und die sich nun in dir ausbreitet. Wenn diese innere Ruhe sich eingestellt hat, bist du bereit, die scheue Stimme deines Herzens zu hören.

Frage dann in dein Herz hinein: »Wenn ich dieser Mensch wäre, warum würde ich das tun?« (Schritt 1), oder »Wenn ich dieser Mensch wäre, warum hätte ich mir diese Situation so ausgesucht?« (Schritt 2). Mach dich danach einfach leer und warte auf eine Eingebung, die in dir aufsteigt wie eine Luftblase vom Grunde des Sees. Bleib einfach offen für den Impuls deines Herzens, der ein Wort, ein Satz oder ein Bild sein kann. Vergiss nicht, am Ende deinen Anteil, den du entdeckst, mittels der Herzenstechnik mit Liebe einzuhüllen.

Wie schon erwähnt, brauchte es für die doppelte Verständnistechnik bisher immer eine kleine Gruppe von Freunden und Bekannten, die gemeinsam ein Thema anschauen wollen. Im Laufe der Zeit sind dabei einige kleine Gruppen entstanden, etwa der *Freundeskreis Bodensee*, wo sich Teilnehmer meiner Seminare selbst organisieren und regelmäßig treffen. Einige Anbieter für solche regionalen »Hoppings« findest du auf meiner Homepage www.manfredmohr.de unter dem Menüpunkt Ho'oponopono.

Mit der neuen Form der Verständnistechnik kann aber auch jeder zu Hause und für sich selbst damit beginnen, dem Herzen zu lauschen. Dabei steht es jedem frei, in einer Gruppe oder auch allein auf diese Weise für sich zu neuen Erkenntnissen zu gelangen. Nach wie vor kann einem dabei die eigene Betriebsblindheit im Weg stehen, denn uns selbst wirklich objektiv zu beobachten fällt uns wohl allen ziemlich schwer. Aber mit ein wenig Übung funktioniert die Übung auch allein bald recht gut. Lade dir doch zur Unterstützung deine beste Freundin ein! Fragen könnten etwa sein: »Warum geschieht mir das gerade?«, oder »Was soll ich an dieser Situation, an diesem Menschen, lernen?«

Erheblich größer als die Blindheit uns selbst gegenüber ist bei dieser Übung ein anderes Thema: Viele zögern nämlich damit, sie anzuwenden. Sie denken: »Ich kann das nicht!« Doch jeder Zugang zum Herzen ist ein besonderer, und deshalb darf jeder seinen eigenen Weg dorthin selbst entdecken. Was sich wie ein großes Abenteuer anhört (und das ist es auch!), erscheint manchen vielleicht als Problem. Doch dem Herzen zu lauschen und auf es zu hören kann man nicht so erlernen wie das Schwimmen oder Radfahren. Diese Fähigkeit entsteht innerlich beim Üben und beim Tun. Die Liebe lehrt sie uns.

Der Weg ins Herz entsteht beim Gehen.

Wir sind es wohl einfach noch nicht so recht gewöhnt, dem neuen, weiblichen Prinzip der Neuen Zeit zu vertrauen und mehr zu fühlen und diesem Gefühl dann mutig zu folgen. Das betrifft übrigens sowohl Frauen als auch Männer, denn obwohl Frauen bekanntlich sehr viel fähiger im Multitasking sind, steht bei ihnen häufig der Verstand dem Zugang zum Herzen deutlich im Weg. Darum lade ich dich ein, die letzte Übung auf eine noch mühelosere Weise auszuführen, einfach, um deinem Gefühl in einem bestimmten Moment noch mehr auf die Schliche zu kommen.

Übung: *Wie fühlt sich das an?*

Mit dieser Übung kann es dir sehr schnell gelingen, zu deinem Herzen in Kontakt zu kommen. Du kannst sie im Tagesverlauf immer aufs Neue nutzen, um Entscheidungen zu treffen oder deiner inneren Stimme zu folgen. Am besten ist es, dich dazu etwas zurückzuziehen, etwa an der Arbeitsstelle in einen leeren Raum, wo du allein sein kannst. Oder du gehst kurz in der Mittagspause in einen Park und setzt dich auf eine Bank.

Atme zu Beginn bitte wieder in dein Herz ein und aus. Warte ein paar Momente ab, bis sich ein Gefühl von Entspannung einstellt. Tritt dann in Verbindung zu deinem Herzen und atme deine Frage ein. Sie kann im einfachsten Fall lauten: »Was ist jetzt? Wie fühlt sich das an?« Dazu atmest du einfach in dein Herz hinein und stellst gleichzeitig innerlich deine Frage, adressiert an dein Herz. Atme dann ruhig weiter und warte wieder auf eine Eingebung, die als ein Wort, eine Erinnerung oder ein inneres Bild in dir entstehen kann. Beende diese Übung, wenn es sich für dich richtig anfühlt.

Die Neue Zeit, in der wir leben, ist besonders dadurch gekennzeichnet, dass kaum etwas noch so vorausschaubar und planbar ist, wie wir es aus der Vergangenheit kennen. Die Dinge, die geschehen, entsprechen immer weniger unseren Vorstellungen, wie etwas zu sein hat. Dadurch sind wir zunehmend gefordert, auf den jeweiligen Moment einzugehen und somit auf das, was gerade entstehen möchte. Die Leitlinie für diese neue Fähigkeit entspringt unserem Gefühl: Was ist jetzt? Was ist jetzt dran, als Nächstes? Statt unseren Tag zuzuballern mit immer neuen Terminen, die uns rasch überfordern, sollten wir lernen, unserem Gefühl zu vertrauen und zu schauen, wo es uns hinführen möchte.

Wenn ich Vorträge auf Kongressen oder in Buchhandlungen halte, werde ich vorher manchmal gefragt, ob ich dabei eine Powerpoint-Präsentation verwenden möchte. Innerlich muss ich dann immer schmunzeln und lehne dankend ab. In der Neuen Zeit ist es immer weniger möglich und darum ist es auch unangemessen, Dinge langfristig zu planen. Lieber lasse ich mich am Tag des Vortrags von den Zuhörern, ihrer Stimmung und ihren Fragen leiten und spüre, was diese Menschen wollen und am meisten brauchen. Unser Herz kann uns auch in solchen Momenten führen, wenn wir bereit sind, es zu spüren.

Eine kleine Erfolgsgeschichte (5)

Christa hat große Probleme mit ihrem pubertierenden Sohn. Er hängt nur in seinem Zimmer herum und hat zu nichts

Lust. Auf Neudeutsch wird das zwar jetzt etwas netter als »chillen« bezeichnet, macht die Sache aber auch nicht besser. Christa erzählt davon in einem Seminar und wir wenden gemeinsam die Verständnis- und dann auch die Herzenstechnik darauf an. Jeder Teilnehmer nimmt sich des Themas an und liebt den jeweiligen Teil in sich, der mit diesem Problem zusammenhängt.

Als sie wieder zu Hause angekommen ist, verändert sich die Situation schlagartig. Innerhalb weniger Tage entschließt sich ihr Sohn, stundenweise in einem Sportgeschäft zu arbeiten, um etwas Geld zu verdienen. Außerdem spielt er seitdem in einer Big Band mit, was ihm viel Freude bereitet. Kurze Zeit später findet er dann seine erste Freundin und belegt (freiwillig!) einen Tanzkurs mit ihr. Er sagt selbst, dass er sich nun viel besser fühlt, mit viel mehr Selbstbewusstsein.

Das fünfte Prinzip der Liebe
In deinem Herzen kann die Liebe dir Antworten geben.

Der Raum der Liebe, den wir in unserem Herzen entdecken können, ist fähig, dort als unsere innere Stimme mit uns zu sprechen. Dazu braucht es aber einen stillen Moment, in dem unser lauter Verstand zum Schweigen kommt. In Verbindung mit unserem Herzen wird uns dann bewusster, was wir fühlen, was wir brauchen und welche Bedürfnisse wir eigentlich haben. Wir werden dadurch spontaner und mehr in die Lage versetzt, auf einen neuen Impuls reagieren zu können.

6

Spieglein, Spieglein an der Wand …

»Das Böse ist nichts als das Gute, gequält von seinem eigenen Hunger und Durst.« – Khalil Gibran

»Ältere Bekanntschaften und Freundschaften haben vor neuen hauptsächlich das voraus, dass man sich einander schon viel verziehen hat.« – Johann Wolfgang von Goethe

➤ Bei der Verständnistechnik finden wir Antworten, die vor allem mit uns selbst zu tun haben und doch wirkt die Kraft der Versöhnung auch für den Menschen, der das Thema in die Gruppe gebracht hat. Die Liebe und Akzeptanz verbindet beide Seiten. Das Prinzip lautet: Ich gebe dir, was ich mir gebe. Und umgekehrt. Die Vergebung, die mir mit dir gelingt, wird mir selbst zuteil. Hier kommen wir nun an den Punkt, an dem wir entdecken, wie sehr Vergebung mit Selbstliebe zusammenhängt. Ich gebe dir die Liebe, die mir selbst fehlt. Ho'oponopono schenkt mir damit ein großes Stück Selbstverantwortung.

Bei den Fragen, die bei der doppelten Verständnistechnik gestellt werden, steht und fällt der Erfolg damit, wie gut wir die jeweilige Situation, die wir mit unseren Herzensaugen näher betrachten, bereits aus eigener Erfahrung kennen. Die Frage »Wenn ich dieser Mensch wäre, warum würde ich das tun?« führt so gut wie immer zu Eingebungen, die das Verhalten des anderen erklären, denn unter gewissen Umständen könnte ich mich ja genauso verhalten. Vielleicht ist mir das Gleiche auch schon passiert.

Genau darum kann ich dann ja den Teil lieben, der sich ebenso verhalten würde. Er ist mir gut bekannt. Und ich erkenne, dass dieser Teil in der Gruppe, die gerade die Verständnistechnik anwendet, ganz ähnlich ist. Jeder findet ihn auf die eine oder andere Weise in sich, auch wenn die Begründung, warum speziell ich mich so verhalten würde, durchaus stark voneinander abweichen kann. Natürlich sind wir als Menschen verschieden und individuell, aber wenn wir mal genauer hinschauen, offenbar doch nicht so sehr. Und genau das tut die Verständnistechnik: Sie schaut genauer hin.

Im letzten Ho'oponopono-Seminar ging es zum Beispiel um ein weit verbreitetes Thema. Günther wollte einen Kollegen hoppen, der jeden Tag zu ihm an seinen Schreibtisch kommt und ihm lang und breit alles Mögliche und Unmögliche erzählt. Der Redeschwall dieser Person ist schier unersättlich und kaum zu bremsen. Es gibt kaum eine Lücke, in die Günther vorstoßen könnte, um etwas einzuwerfen und selbst etwas zu sagen. Kennen wir das nicht alle aus unserem eigenen Leben? Jeder hat wohl solche Kandidaten in seinem Leben.

Die erste Frage der Verständnistechnik lautet: »Wenn ich dieser Kollege wäre, warum würde ich mich so verhalten?«

Hier ist wieder eine Gelegenheit für dich zum Mitmachen: Probiere es aus! Leg deine Hände auf dein Herz, wie in der Übung beschrieben, und bitte dein Herz um eine Antwort. Lass dir ruhig einige Minuten Zeit und lege das Buch derweil zur Seite.

Antworten, die von den Teilnehmern dabei gefunden wurden, waren:

- Ich habe ein großes Minderwertigkeitsbedürfnis und brauche darum ganz viel Raum, den ich mir von anderen auf diese Weise hole.
- Wenn ich mich so verhalten würde, hätte ich als Kind zu wenig Aufmerksamkeit bekommen und zwinge nun andere, sie mir zu geben, ob sie wollen oder nicht.
- Ich als dieser Kollege würde nach Anerkennung suchen, darum erzähle ich ganz viel davon, was in meinem Leben Tolles geschieht und wie toll ich überhaupt sowieso schon bin.
- Für mich ist Kommunikation eine Form von Liebe. Ich bin in einem Elternhaus aufgewachsen, in dem sehr viel über alles geredet wurde. Darum möchte ich mit Menschen, die ich mag, immer ganz viel reden. Es ist meine Art, dem anderen meine Zuneigung zu zeigen.
- Wenn ich so viel redete, würde ich nach Lösungen für meine eigenen Probleme suchen und mich nicht trauen, andere danach zu fragen. Ich verwickle darum Leute, von denen ich denke, sie könnten mir helfen, in lange Gespräche, um beim Reden das Für und Wider eines Problems erörtern zu können. Ich finde Lösungen nur beim Reden und nicht etwa beim stillen Allein-darüber-Nachdenken.

- Ich rede so viel, weil ich mich schnell langweile. Wenn ich mit anderen rede, ist es zumindest laut um mich herum und scheinbar was los.

Soweit ein kleines Pottpourri an möglichen Antworten. Es ist übrigens völlig in Ordnung, wenn deine Antwort nicht dabei gewesen ist. Wie schon gesagt, jede Antwort ist richtig, es geht hier nicht um richtig oder falsch. Nochmals: Wichtig ist, am Ende jede gefundene Begründung für das viele Reden mittels der Herzenstechnik in Liebe einzuhüllen. »Ich liebe den Teil in mir, der sich ebenso verhalten hat oder verhalten könnte.«

Die zweite Frage der Verständnistechnik ist in diesem Fall: »Wenn ich Günther wäre, warum würde ich mir so einen Vielredner in mein Leben ziehen? Was ist der tiefere Grund dafür?« Mach doch bitte wieder mit und übe dich ein wenig darin, dein Herz zu befragen. Nimm dir ein wenig Zeit dafür. Wir haben zum Beispiel folgende Antworten entdeckt:

- In meiner Kindheit habe ich eine Person in meinem Umfeld gehabt, die ebenso viel geredet hat. Damals konnte ich mich nicht wehren und wenn ich heute mit solchen Plaudertaschen konfrontiert werde, falle ich innerlich in das Alter zurück, das ich damals hatte. Wieder fühlt sich mein inneres Kind wehrlos und hilflos. Ich erlebe immer wieder solche Situationen, um diese alte Verletzung zu heilen.
- Ich hätte mir diese Situation erschaffen, um zu lernen, mich liebevoll gegen andere abzugrenzen. Dieser Mensch zeigt mir, wo ich noch schutzlos bin und wo meine Selbstliebe noch ein wenig wachsen darf.

- Wenn ich mir solch eine Person in mein Leben ziehe, suche ich unbewusst nach Möglichkeiten, meine wahre Kraft und Stärke zu entdecken. Es ist meine Entscheidung, in diesem Moment in meine altbekannte Opferrolle zu schlüpfen oder mutig meine neugewonnenen Kräfte und Fähigkeiten einzusetzen. Ich lerne, mich hier freundlich und respektvoll aus der Affäre zu ziehen.
- Ich habe mir diese Person erschaffen, um zu lernen, ihr dieses respektlose Verhalten vergeben zu können.
- Für mich ist dieser Ruhestörer eine schöne Gelegenheit, zu üben, in meiner inneren Mitte zu verbleiben.

Ich finde es ganz wunderbar an dieser Technik, wie bereitwillig sich hier jeder in Demut üben kann. Da kommt ein Teilnehmer, Günther, offenbart sein Problem und präsentiert damit vor einer kleinen, geschützten Gruppe sein Innerstes. Jeder kann sicher nachvollziehen, wie schwierig das gerade vor Fremden sein kann. Normalerweise würden wir anderen Menschen, die wir noch kaum kennen, und das besonders im Geschäftsleben, eher unsere Großartigkeit zeigen wollen. Wir kennen es doch aus der Werbung: Das ist mein Haus, meine Familie, mein Auto, immer gepaart mit einer gewissen Überheblichkeit. Hier gehen wir nun in eine ganz andere Richtung. Wir machen uns klein, zeigen uns in unserer ganzen Ohnmacht und Verletzlichkeit und stellen fest, dass wir mit diesem anderen Menschen rein gar nicht umgehen können. Und bitten um Hilfe und Unterstützung.

Dabei öffnen sich dann wundersamerweise die Teilnehmer und geben frei heraus zu: Das kenne ich ganz genau. Mir geht es ebenso! Das schafft eine tiefe Verbindung zwischen den Menschen. Jeder atmet auf. Ich bin nicht allein! Dem anderen geht es ebenso wie mir! Ich fühle mich dadurch akzeptiert und kann den anderen genauso gut akzeptieren.

Vergebung schafft eine wunderbare Verbindung zwischen den Menschen.

Ich spreche hier gern von einem »Kreis der Liebe«, der beim Hoppen zwischen den Teilnehmern entsteht. Man fühlt sich gesehen, geborgen und geschützt und ist bereit, in diesem neu gewonnenen Raum über persönliche Probleme zu reden. Häufig kommt nach einer Runde in Verständnistechnik dann gleich der nächste Teilnehmer, der die Gelegenheit zur Transformation wahrnehmen möchte. Jeder spürt nämlich: Genau jetzt ist die Möglichkeit gekommen, innerlich zu wachsen.

Günther bekam bei den gefundenen Antworten feuchte Augen und dankte allen Anwesenden sehr. Er sagte, er sei sich nun viel mehr seiner eigenen Verantwortung dieser Person gegenüber bewusst. Er nahm sich fest vor, beim nächsten Mal bei dieser Person achtsamer und mehr aus seiner Mitte heraus zu handeln. Ein paar Wochen später gab Günther die Rückmeldung, sein Kollege habe jetzt ganz von allein mit diesem übergriffigen Verhalten aufgehört. Auch weil Günther damit angefangen hat, ihn gleich zu Anfang mit der Bitte zu unterbrechen, sich freundlicherweise auf das Wesentliche zu beschränken. Günther strahlt jetzt, wie es selbst sagt, ein viel größeres Selbstbewusstsein aus.

In einem ähnlich gelagerten Fall hat ein Freund von uns seinen Onkel gehoppt, der ihm jedes Jahr aufs Neue bei der Weihnachtsfeier der Familie denselben Witz erzählte. Wir trafen den Freund ein paar Wochen vor Weihnachten und er klagte uns sein Leid: »Onkel Erwin wird wieder dabei sein und es wird furchtbar werden!« Natürlich nutzten wir gleich die Gelegenheit und fragten unser Herz: Wenn ich Onkel Erwin wäre, warum würde ich das tun? Und eine der nettesten Antworten war: »Ich mag meinen Neffen sehr und möchte besonders freundlich zu ihm sein. Um ein entspanntes Gespräch entstehen zu lassen, erzähle ich ihm einen Witz. Leider kenne ich nur den einen und weil ich schon etwas tatterig bin, vergesse ich übers Jahr, dass ich ihn bereits erzählt habe.«

Unser Freund war selig und berichtete uns nach Weihnachten freudestrahlend, diesmal sei Onkel Erwin doch tatsächlich ohne den Witz ausgekommen und beide hätten sich zum ersten Mal wirklich angeregt und interessant unterhalten.

Lasst mich nun auf einen für mich springenden Punkt der Verständnistechnik zu sprechen kommen, der immer wieder Thema in meinen Seminaren ist. Jemand nennt also sein Problem und ich heile den Teil in mir, der mit seinem Problem zusammenhängt. Und das bewirkt dann, dass sein Problem sich vereinfacht oder ganz verschwindet? Wie funktioniert das denn bloß? Vielleicht hast du dich das auch schon gefragt.

Zunächst einmal ist es eine Erfahrung, die alle machen können, die das Hoppen ausprobieren. Es ändert sich *tatsächlich* etwas, wenn wir es praktizieren. Manchmal hört der andere Mensch mit dem Verhalten auf, das uns gestört hat. Ein anderes Mal verschwindet dieser Mensch möglicherweise sogar aus unserem Leben. Oder es stellen sich kleine Veränderungen ein, die große Wirkungen mit sich bringen.

Einmal hatte ich die Freude, in einer größeren Firma mit der Führungsetage hoppen zu dürfen. Dabei ging es auch um eine für alle sehr schwierige Mitarbeiterin. Nachdem wir die doppelte Verständnistechnik auf sie angewendet hatten, kam sie am nächsten Montag in die Firma und sagte wortwörtlich: »Was ist denn hier auf einmal so anders? Ihr seid plötzlich alle so nett zu mir?«

Diese Frau hatte die neue Energie gespürt.

Vergebung ändert die Schwingung zwischen den Menschen: von Ablehnung zu Mitgefühl.

Und das ist das Wichtigste daran: Diese Frau konnte sich verändern, weil die anderen Mitarbeiter sich geändert hatten – und zwar zuerst.

Sei du selbst die Veränderung,
die du dir wünschst für diese Welt.

Gandhis Satz ist der Schlüssel. Ich möchte, dass dieser andere Mensch sich verändert. Und ich tue und mache und rede und drohe und werde wütend und alles fruchtet nicht. Warum? Weil ich dabei selbst so bleibe, wie ich bin. Verstehst du? Das Gesetz der Resonanz hat noch viel weitreichendere Konsequenzen, als wir uns bisher vorstellen konnten.

Wenn ich mich innerlich verwandle,
verändert sich auch der andere.

Das ist der Zauberstab, den wir so lange übersehen haben. Hoppen und Vergeben haben eine märchenhafte, fast magische Kraft in sich, die in unserem Herzen schlummert, und diese Kraft dürfen wir nun endlich wie Dornröschen aus dem hundertjährigen Schlaf wachküssen. Es ist eine Magie, die auf der Kraft der Gefühle und einer inniglichen Verbindung zwischen uns Menschen beruht, einer Verbindung, die immer gegeben ist.

Du und ich, wir sind eins.

Und eine neue Konsequenz daraus lautet:

Ich sehe mich im Spiegel des anderen.

In unserer Neuen Zeit wird dieser Spiegel immer deutlicher sichtbar. Die doppelte Verständnistechnik hilft uns dabei. Mein Chef war schlechter Laune? Das ist mir auch schon passiert. Meine beste Freundin hat meinen Geburtstag vergessen? Das kenne ich, könnte mir Schussel genauso gehen. Mein Kind hat mich angelogen? Manchmal nehme ich es mit der Wahrheit auch nicht so genau. Es gibt hier so viele Möglichkeiten, wie es Anschuldigungen gibt.

Die Empathie und das Mitgefühl, die beim Hoppen entstehen, machen es mir schon bald unmöglich, den anderen noch in derselben Weise abzulehnen wie bisher. Aus dem Gewehr, mit dem ich den anderen gerade noch hätte erschießen können, wächst nun plötzlich eine Blume. Mein Herzensraum wird bei jeder Hoppen-Session immer größer und nimmt immer mehr Fehler und Unarten des anderen darin auf. Dieser Mensch ist so ein Blödmann? Kenne ich! Unter bestimmten Umständen habe ich mich selbst ja schon viel blöder angestellt.

Wenn ich andere ablehne, lehne ich Eigenschaften ab, die auch zu mir gehören.

Ich bin doch genauso! Dumm, blöd, rechthaberisch oder nervig. Und je mehr ich eine bestimmte Verhaltensweise am anderen ablehne, umso mehr hat sie mit mir selbst zu tun. Ich kann den anderen nur solange ablehnen, wie ich den Spiegel in dessen Verhalten noch nicht gefunden habe.

Das, was ich am anderen ablehne,
lehne ich bei mir selber ab.

Bitte nutze diesen Satz als allgemeines Prinzip und nicht als Binsenweisheit. Es ist oft ein wenig verzwickter oder, um im Bild zu bleiben, spiegelbildlich zu meinem eigenen Verhalten. Denke an die junge Dame mit dem Freund, der manchmal Alkohol trinkt. Weil ich keinen Alkohol trinke, soll mein geliebter Freund das auch unterlassen. Es geht aber ursprünglich um ein Gefühl, das ich nicht leben will, wie Gemeinschaft oder Kontrollverlust. Das lehne ich ab und mein Freund »lebt es dann für mich«, stellvertretend.

Das, was ich ablehne, ziehe ich unbewusst an.

Beim Resonanzprinzip wird erst dann ein Schuh daraus, wenn ich die Wirkkraft meines Unterbewusstseins mit berücksichtige. Habe ich ein Problem mit aggressiven Leuten, dann ist der Ursprung, dass ich es ablehne, selbst aggressiv zu sein. Wenn ich Menschen ablehne, die mit ihren Leistungen prahlen und angeben, dann stelle ich mein Licht sicherlich selbst zu oft unter den Scheffel. Und so weiter.

Oft lehne ich im Spiegelbild den anderen genau darum ab, weil er exakt gegensätzlich zu mir ist. Manchmal ist dann das Verhalten des anderen so schwierig für mich, weil ich mir noch nicht bewusst darüber bin, wie sehr ich in meiner inneren Haltung genau gegensätzlich dazu bin.

Aber sicherlich ist schon klar geworden, wie wichtig für mich die Integration dieses Schattens ist, der noch unbewusst in mir schlummert:

Ein äußeres Problem spiegelt nur ein inneres Problem.

Der Satz »Ich liebe den Teil in mir, der mit dem äußeren Problem zusammenhängt« trägt genau diesem Zusammenhang Rechnung. Allein, dass dieses Problem mit diesem Menschen in meinem Leben aufgetaucht ist, zeigt: Es muss etwas mit mir zu tun haben. Der Schatten des anderen ist mein eigener. Gelingt es mir, dem anderen diese Fehler, diese Unarten zu vergeben, nehme ich damit hinten herum meine eigenen Fehler an. Es sind nicht genau dieselben, sei hier bitte vorsichtig, oft sind es die Gegenteile, die wir im Spiegel sehen und bekämpfen wollen.

Das Ende dieses inneren Kampfes lautet:

Wenn ich dich annehme, nehme ich mich selbst an.
Vergebe ich dir, vergebe ich mir.

Wenn es mir gelingt, dich im vollen Bewusstsein einer Unart, einer Schwäche zu lieben, dann nehme ich einen unbewussten Schattenanteil in mir selbst in mein Herz und schenke ihm Liebe. Hier wird deutlich, was Vergebung im Grunde wirklich ist und um was es dabei am allermeisten geht: *Ich gebe Liebe.* Dem anderen Menschen, der sie doch eigentlich am wenigsten verdient. Und im Spiegelbild, im gefühlten Gegenüber, liebe ich auf diese Weise mich selbst.

Je mehr ich dich annehmen und lieben kann, so wie du bist, umso mehr gelingt es mir auch bei mir.

Vergebung schenkt uns deshalb eine immer stärker werdende Kraft, die in unserer Liebe schlummert. Ja, natürlich ist es schwer, über den eigenen Schatten zu springen und aus der Ablehnung herauszufinden, mich innerlich umzupolen und die Kritik am anderen in Liebe zu verwandeln. Ich werde niemals behaupten, dass dieser Weg leicht ist. (Erinnere dich an Xavier Naidoo: »Dieser Weg wird kein leichter sein …«) Aber das Universum hat das alles hier auf dieser Erdkugel ganz geschickt eingefädelt.

Erst wenn du die Kraft aufbringen kannst, dich selbst und deine Ablehnungen auch wirklich zu überwinden, wird dir die Kraft der Liebe zuteil. Das ist eine Variante des Satzes von Meister Eckhard, der besagt, die Liebe dieser Welt sei auf Eigenliebe gebaut:

Im Spiegel von dir lerne ich, mich selbst zu lieben. Und liebe dabei dich. Immer mehr.

Dort, wo ich dich kritisiere und abwerte, mache ich mich selbst klein. Und an der Stelle, wo ich auch deinen Fehler lieben kann, schmilzt mein eigenes Unvermögen und mein eigener Fehler wie Schnee in der Sonne. Ich werde, in meinem Gefühlskörper, immer größer und stärker, da ich nun auch meine eigene Kleinheit, meine eigene Schwäche, annehmen und akzeptieren kann. Mein Gefühlskörper integriert deine Unarten – und meine – und wächst dabei über sich selbst hinaus.

Liebe ist ein sehr großes Wort und vielleicht liegt darin der Grund, warum es uns meistens so schwer fällt, uns selbst als liebenswert einzustufen. Wenn ich andere Menschen ablehne, weil sie falsch und nicht gut genug sind, richte ich diese Ablehnung im Grunde gegen meinen eigenen Schatten. Ich lehne mich dann selbst ab. Ich liebe mich dann selbst nicht so richtig. Und in der Resonanz spürt der andere dieses mein Gefühl innerer Ablehnung und fühlt entsprechend Ablehnung gegen mich, frei nach dem Motto: »Na, du musst es ja wissen, du kennst dich ja wohl am besten!«

Je mehr ich den *anderen* anzunehmen und zu lieben verstehe, umso mehr liebe ich *mich*. In einer partnerschaftlichen Beziehung schwingen wir uns darum im Miteinander der Liebe zu immer neuen Höhen auf. Wenn ich mich annehme und mir meine Unarten vergebe, gelingt es mir auch bei dir. Und du wirst dann, in der Resonanz, auch viel schneller über meine Fehler hinwegschauen können, da ich sie in mir ja bereits integriert und angenommen habe.

Ist das nicht wunderbar? Mutter Teresa sagte wohl genau deshalb, es sei nicht so wichtig, wieviel wir geben, sondern vielmehr, mit wieviel Liebe wir es tun.

Wenn mit der Zeit in einer Ehe oder Lebensgemeinschaft Ho'oponopono mehr als nur eine Technik wird und zu einer Einstellung wächst, dem ganzen Leben gegenüber, dann ist der Liebe keine Grenze gesetzt. Ich erinnere mich noch gut, in meiner Beziehung zu Bärbel hatten wir schon bald verlernt, uns wirklich zu streiten. Es fielen dann stattdessen Bemerkungen wie etwa: »Was kann ich dafür, dass ich dich nerve? Es ist doch offenbar dein Problem! Du regst dich doch auf und bist weit entfernt von deiner Mitte!«

Willkommen in der wundervollen Welt der Spiegel …

Meine Verletzung ist meine Verantwortung.

Ich vergleiche es gern mit einem blauen Fleck am Ellenbogen, den ich mir geholt habe, als ich ihn mir irgendwo anstieß. Berührt mein Partner ihn, meist wohl eher aus Versehen, dann tut mir das weh. Es ist aber *meine* Verletzung. Woher sie auch stammen mag, aus diesem Leben oder aus früheren. Ich fühle den Schmerz, es ist ganz offensichtlich meiner. Und womöglich zu denken, der andere hätte mir mit Absicht wehgetan, ist ein unheiler Gedanke, der noch mehr Unheil nach sich ziehen wird. Wollen wir das? Ganz sicher nicht. Vergeben wir also lieber dem anderen, dass er an den blauen Fleck gestoßen ist. Und mir selbst, dass ich denken konnte, es sei mit Vorsatz geschehen.

Den blauen Fleck, den wir ja alle irgendwo haben, bezeichne ich gern als roten Knopf, bei dem jeder aus der Haut fährt, wenn er gedrückt wird von anderen. Ist es nicht so? Den roten Knopf erkennst du daran, wenn du einen roten Kopf bekommst, vor Wut und Aufregung.

Diese Wut, dieses Unheil, das dann heraufbeschworen wird, soll mir aber nur signalisieren: »Schau mal, hier bist du noch unheil, noch nicht gesund und ganz.« Denn nur, wenn ich es bemerke, kann es mir bewusst werden.

Byron Katie hat in diesem Zusammenhang den schönen Satz geprägt, ihre vorrangige Aufgabe sei es in diesem Leben, bedingungslos zu lieben. Und die Aufgabe aller anderen bestehe darin, alle ihre roten Knöpfe zu drücken.

Übung: *Der Kindergarten deiner Fehler*

Erfahrungsgemäß hat mein roter Knopf oft etwas damit zu tun, wo ich mich selbst als schlecht und unfähig erlebe. Niemand mag es so gern, von jemandem auf die eigenen Fehler hingewiesen zu werden. Bei dieser Übung steht darum die Selbstannahme im Mittelpunkt.

Um deine eigenen Fehler besser akzeptieren zu können (und in der Folge auch die der anderen), stell dir vor, deine Fehler und Mängel wären kleine Kinder im Vorschulalter. Wir besuchen sie in ihrem Kindergarten und schauen zu, wie sie herumtollen auf dem Spielplatz. Eben treffen wir sie bei einem Spiel an, bei dem sie sich über ihre eigenen Fehler kaputtlachen. Der Besserwisser setzt sich einen Hut auf und spielt den verrückten Professor. Er doziert völligen Unsinn und hält sich dabei vor Lachen den Bauch. Die Übersaubere zieht sich eine rote Clownsnase an und putzt und wäscht alle Zuschauer mit Seifenblasen und einem Lappen, der aber alles nur noch schmutziger macht. Der Übergenaue versucht, im Sandkasten alle Förmchen in Reih und Glied zu bringen und wirft sie beim Umdrehen wieder alle um.

Was ist dein größter Fehler? Welche Zirkusnummer würdest du daraus machen? Kannst du ihn als kleines Kind so witzig spielen, dass du selbst am meisten darüber lachst? Eigenschaften, über die du lachen kannst, sind nur noch halb so schlimm!

Eine kleine Erfolgsgeschichte (6)

Brittas Mann hat sich den Fuß verstaucht und klagt die ganze Nacht in ihrem Ehebett über seine Schmerzen. Britta kann die ganze Nacht kein Auge zutun und hoppt tags darauf verzweifelt ihren Mann: »Wenn ich mich so verhalten würde …« Sie findet die Antwort, dass er aus Liebe bei ihr im Bett bleibt, damit sie nicht alleine schlafen muss, und nimmt diese Antwort in ihr Herz. Am nächsten Abend sagt der Mann beim

Schlafengehen zu ihr: »Weißt du was? Ich gehe diesmal ins Gästezimmer, damit du in Ruhe schlafen kannst!« Bisher war das gemeinsame Schlafen im Ehebett eine heilige Kuh für ihren Mann – und Britta hätte sich nie getraut, diesen Vorschlag von sich aus zu machen.

Das sechste Prinzip der Liebe
Beim Vergeben schenke ich dir die Liebe, die mir selbst noch fehlt.

Wir alle sind auf der ewig währenden Suche nach Liebe. Wir machen Komplimente, kaufen Geschenke, sind aufmerksam zu anderen und geben unser Bestes. Bleibt dies aber ein rein äußerliches Unterfangen, dann bleibt ihm der wahre Erfolg versagt.

Liebe ist ein Gefühl und im Gefühlskörper angesiedelt. Lehnen wir uns selbst für unsere Defizite und Mängel ab, lieben wir uns nicht wirklich und erfahren in der Resonanz auch nur einen Teil der Liebe, obwohl noch viel mehr auf uns wartet. Wo es an Liebe im Außen mangelt, fehlt es an Liebe zu uns selbst. Anders gesagt, wie schon die Beatles sangen: *All you Need is Love!*

7

Von der Schuld zur Unschuld

»Wir sind alle voll von Schwäche und Fehlern. Verzeihen wir uns gegenseitig unsere Torheiten. Es ist das erste Naturgesetz.« – Voltaire

»Wenn du einem anderen Schuld gibst, wende dich dir selbst zu und studiere deine eigenen Fehler. Dann wirst du deinen Ärger vergessen.« – Epiktet

➤ Wir leben ganz offensichtlich in einer fehlerhaften Welt. Nichts ist hier unten auf unserem Planeten vollkommen. Wenn wir unserem Mitmenschen seine Fehler verzeihen können, lernen wir dabei, auch unsere eigenen Mängel liebevoller zu betrachten und anzunehmen. In diesem Moment fühlen wir uns dann weniger schuldig. Unser irrtümliches Selbstverständnis, grundsätzlich falsch und nicht richtig zu sein, hat in uns nämlich ein Gefühl entstehen lassen, das uns wohl am schwersten belastet: Wir fühlen uns schuldig. Wenn wir uns mit Vergebung beschäftigen wollen, führt wohl kein Weg am

Thema Schuld vorbei. Tut mir leid, dich damit konfrontieren zu müssen. Bitte entschuldige!

»Entschuldige bitte« ist eine häufig verwendete Formulierung, die wir täglich hören und oft selbst verwenden. Sie dient dazu, jemanden *bitte* von seiner Schuld freizusprechen. Ich habe etwas falsch gemacht. Ich habe etwas Falsches gesagt oder getan, was dich verletzt hat. Dafür möchte ich dich um Verzeihung bitten.

Von der Betrachtung unserer unzähligen kleinen menschlichen Fehler und Schwächen ist es nur noch ein winziger Schritt zum großen Thema Schuld. Vergebung ist untrennbar mit der Schuldfrage verbunden. Und diese liegt vielen so schwer auf den Schultern, dass ich das sichere Gefühl bekomme, mich regelrecht gleich zu Anfang allein schon dafür entschuldigen zu müssen, das Thema hier überhaupt aufzubringen. Lieber schauen wir an dieser Stelle weg, so weit wie nur möglich.

Schuld wiegt schwer und wird darum lieber gleich mal vorsorglich verdrängt.

Es kommt beim Thema Schuld durchaus häufiger zu Diskussionen, wenn ich in meinen Seminaren über Ho'oponopono spreche. Bei den vier Sätzen des klassischen Ho'oponopono (kleiner Test: Wie hießen die vier Sätze nochmal? Du findest sie in Kapitel 2) kommt gern der Einwand, insbesondere den Satz »Es tut mir leid« nur ungern zu sprechen. Dann bin ich ja an etwas schuld! Kaum ein Gefühl lehnen wir so stark ab wie das der Schuld. Und genau darin liegt das ganze Dilemma verborgen. Es wird Zeit, dass wir es ans Licht bringen.

Schuldig möchte niemand sein.

»Du bist schuld!« kommt vielen wie eine Anklage daher und stempelt uns scheinbar zum Verbrecher. Offenbar lastet das Gefühl, schuldig zu sein, so gewaltig auf uns, dass wir es umgehen wollen, es meiden wie der Teufel das Weihwasser. Wir alle tragen wohl noch eine starke Prägung durch die Kirche in uns, allein schon durch unsere Geburt sündig zu sein und darum nach unserem Ableben im Höllenfeuer schmoren zu müssen. Schuldig zu sein bringen wir mit der ewigen Verdammnis in der Hölle in Verbindung. Viel lieber wollen wir rein und unbefleckt bleiben, um frei von jeglicher Sünde dereinst ins Himmelreich zu gelangen. Die Kirche hat hier offenbar ganze Arbeit geleistet, aber Hoppla, gebe ich ihr hier etwa schon wieder jemandem Schuld an dieser Situation? Das kann keine Lösung sein! Denn nichts verschieben wir mehr als Anklagepunkt zwischen uns Menschen als die Schuld. Es ist ein ewiges Ping-Pong-Spiel, bei dem immer einer verlieren muss. Beim Thema Schuld spielen wir schon ewig Schwarzer Peter. Es wird Zeit, dass wir endlich damit aufhören.

Schuld ist immer der andere.

Um noch einmal beim Beispiel der Frau anzuknüpfen, deren Freund manchmal Alkohol trinkt, kannst du dir vorstellen, dass dein Freund *für dich* schuldig ist? Oder dein Nachbar, dein Chef oder deine Eltern? Mal Hand aufs Herz, wem gibst du aktuell noch Schuld für deine Situation oder dein Leben? Wenn wir ehrlich sind, tragen wir noch sehr viel Last von Schuld hinter anderen her. Ganz schön anstrengend das Ganze. Fast brechen wir unter dieser Bürde zusammen.

Schuld ist das am meisten abgelehnte Gefühl.

Wir können vor diesem Schatten aber nicht davonlaufen. Außerdem fällt uns bei dieser Dauerbelastung das Laufen doch sowieso schon viel zu schwer. Carl Gustav Jung meint sogar: Schattenseiten, die du ablehnst, werden dein Schicksal. Das, was wir ablehnen, machen wir stark, erst recht. Und es begegnet uns in einer Tour. So wie bei dem Freund, der Alkohol trinkt. Erst wenn wir den Schatten annehmen und akzeptieren, werden wir endlich frei davon sein. Beim Thema Schuld, zugegeben, eine Herausforderung sondergleichen. Aber – unumgänglich!

Denn stell dir mal vor, du gehst jeden Morgen ins Badezimmer und schimpfst und schreist in deinen Spiegel. Der da, den du im Spiegel siehst, ist an allem schuld. Bringt es etwas, den Spiegel anzuklagen? Ganz bestimmt nicht. Die Schuld bleibt an dir kleben, wird sogar jedes Mal noch größer. Meine Kinder haben schon im Sandkasten gelernt, wie unsinnig das Anklagen des anderen ist:

Was man vom anderen sagt, ist man selber.

Ablehnung von Schuld ist, als ob wir ständig Öl ins Feuer gießen. Je mehr wir herumlaufen und unsere Unschuld beteuern, umso mehr machen wir uns angreifbar. Ich denke doch nur dort, mich verteidigen zu müssen, wo ich mich zu recht angegriffen fühle. Wenn ich es ablehne, schuldig zu sein, werden in meiner Außenwelt immer wieder Menschen auftreten, die mich genau dafür anklagen. Der einzige Weg zur Unschuld ist scheinbar das Bekenntnis, schuldig zu sein. Ja, das bin ich auch. Schuldig. Schon okay.

Durch einen Blick in unseren Gefühlskörper wird das wieder einmal verständlich. Im Gefühlskörper sind alle Gefühle angelegt, bei jedem Menschen gleich, nur in ihrer Quantität, ihrer Ausprägung, sind sie unterschiedlich stark bei jedem. Wenn ich bereit bin, alles zu fühlen, was in meinem Leben passiert, fließt die Energie der Gefühle frei in meinem Körper. Lehne ich jedoch bestimmte Gefühle ab, bedeutet das, ich möchte sie nicht fühlen und erleben. Sie bleiben in meinem Körper statisch, können nicht fließen und erstarren. Die sprichwörtliche kalte Schulter zu zeigen ist dann nur eine von vielen Möglichkeiten der Reaktion. Vereisungen im Körper sind aber sehr ungesund. Das Universum schickt uns deshalb Menschen, die genau dieses Thema bei uns triggern, indem sie unsere roten Knöpfe drücken. Das Thema wird uns von außen bewusst gemacht, damit die Energie innen wieder freier fließen und wir auf diese Weise heilen können.

Wieder gilt das Prinzip, wenn du das Außen ändern möchtest, beginne mit der Veränderung bei dir. Ändere dich, und du änderst die Welt. Bei der Schuldfrage ist diese neue innere Haltung darauf ausgelegt, zu akzeptieren, ebenfalls schuldig zu sein. Ja, ich bekenne mich zu meinen Fehlern, Unarten und meinem schlechtem Verhalten.

Wenn ich in meinem Gefühl die Schuld wirklich integriere, ist sie in mir vorhanden. Niemand kann dann noch kommen und mir dieses Etikett von außen anheften.

Wenn ich mich dazu bekenne, schuldig zu sein, für was auch immer, wird mich kein Gericht der Welt mehr anklagen können. Ich trage sie ja schon in mir, meine Schuld. Niemand kann sie mir jetzt noch geben.

Bekenne ich mich ganz schuldig, in meinem Gefühl, kann mich niemand mehr anklagen.

Übung: *Ich bin wirklich schuld*

Probiere es doch einfach mal aus, deine ganze Schuld zu sein. Suche dir einen bequemen Platz auf einem Stuhl oder Meditationskissen. Beginne dann damit, völlig ruhig ein und wieder aus zu atmen. Nach einer Weile, wenn du dich entspannt fühlst, sprich innerlich die Worte: »Ich atme meine Schuld ein, ich atme meine Schuld wieder aus.« Wiederhole diese Sätze einige Male. Dann geh ein Stück weiter in die Schuld hinein, indem du zu dir sagst: »Ich bin wirklich schuldig, ich bin der Schuldigste aller Schuldigen. Ich bin schuld, für alles, wofür andere mich anklagen wollen. Ich bin schuld, ich bin schuld, ich bin schuld.« Geh nun noch etwas mehr in diese Schuld, indem du sie weiter vergrößerst und auch noch schuld an allem anderen bist, für den größten Blödsinn. »Ich bin schuld, dass es diesen Sommer so wenig geregnet hat. Ich bin schuld, dass der Rhein deshalb so wenig Wasser führt. Ich bin schuld, dass Menschen hungern, ich bin schuld, dass mein Fußballverein sein letztes Spiel verloren hat.« Was fällt dir sonst noch ein, für was fühlst du dich schuldig? Spüre abschließend in dich hinein. Wie fühlt es sich an, für alles und jedes schuldig zu sein?

Der Trick, noch für den größten Unsinn schuldig zu sein, vergrößert die Schuld so unverständlich für unseren Verstand, dass unser Ego irgendwann aussteigt und nicht mehr an diesem Gefühl festhalten kann. Allgemein bedient sich das Ego nämlich des Tricks, sich mit unseren Gefühlen zu verbinden, im Großen wie im Kleinen. »Keiner ist so toll wie ich.« Die Überhöhung kann aber auch lauten: »Ich bin die ärmste Sau auf der ganzen Welt. Niemandem geht es so schlecht wie mir.«

Das Ego ist sehr geschickt in seinem Größenwahn, aber mit dieser Übung schlägst du ihm ein Schnippchen. Und in diesem Letzten, Kleinsten, Schuldigsten löst du dann alles auf, was das Ego an Konzepten und Glaubenssätzen bisher aufgebaut hat.

> *Das Ego überhöht sich, indem es unsere Gefühle dramatisiert.*

Mittels seiner Überhöhung stellt sich das Ego über den anderen und gibt ihm so das Gefühl, das Letzte und Minderwertigste zu sein. Jetzt, mit dieser Übung, schaffst du eine Rückverbindung zu diesen Vorwürfen und Anschuldigungen, die du über dein Ego an deine Umwelt gerichtet hast und löffelst die selbst eingebrockte Suppe auch selbst wieder aus. »Ja, ich gebe zu, ich bin schuld und damit das Letzte und Minderwertigste.«

Dabei fühlst du selbst die Schuld, die du den anderen gegeben hast. Aus diesem Grund besteht eine Variante der Übung auch darin, das Letzte zu sein. Statt die Schuld zu sein und sie ganz anzunehmen kannst du stellvertretend sagen: »Ich bin wirklich voller Fehler, ich bin der fehlerhafteste Mensch auf der ganzen Welt. Niemand ist so voller Fehler wie ich, ich bin wirklich das Allerletzte, der letzte Abschaum. Ich bin eine Schande für diese Welt. Ich bin die größte Schande, die man sich vorstellen kann. Ich bin wirklich der letzte Fuzzi.« Auch auf diese Weise kann ich mich ganz mit meiner Schuld verbinden.

Das größte Problem beim Thema Schuld ist es ja wie gesagt, dass wir ständig vor ihr davonlaufen. Wir haben offenbar große Angst vor ihr und durch das ständige Wegrennen kommen wir gar nicht dazu, sie zu fühlen. Es kommt denn auch eher überraschend, wenn es einem einmal gelingt, ganz die Schuld zu sein. Es reicht bereits, wirklich nur einen winzigen Moment lang die Schuld zu sein, das genügt schon. Für mich fühlt sie sich eigentlich angenehm an, weich und rund, ganz behaglich und überhaupt nicht schlimm. So unglaublich es klingen mag: Wenn man erst einmal wagt, sich ihr einen Moment lang zu ergeben, möchte man am Ende gar nicht mehr aus ihr heraus.

Der Kniff bei dieser Übung besteht darin, die Schuld nicht mehr auf andere zu verteilen, sondern sich, im Gegenteil, ganz mit ihr zu vereinen. Wenn ich wage zu sagen, ich bin der Schuldigste der Schuldigen, der Letzte der Letzten, dann nehme ich auch diesen Teil, meine Schuld, ganz an in meinem Sein und in meinem Gefühlskörper. Ja, das bin ich auch. Und damit ist es schon genug. Ich brauche dann meine Schuld nicht mehr anderen zu geben. Sie ist erlebt, durchlebt und in mein Sein integriert.

Erinnere dich an den Satz von vorhin: Der andere Mensch bleibt, wie er ist, bis du ihn akzeptierst! In der Akzeptanz des anderen wirkt die Kraft der Liebe. Es ist die Alchemie der Liebe, die Magie darin, die nun auch bei dem Teil in dir, den du ablehnst und deshalb nicht fühlen möchtest, wirksam werden kann.

Gemeint ist damit natürlich nicht nur Schuld – sondern auch jedes andere Gefühl, das unangenehm ist und das du aus diesem Grund ablehnst. Das kann Neid, Wut, Enttäuschung, Verletzung oder sonst irgendein Gefühl sein, das du gern integrieren möchtest. Mache damit einfach die Herzenstechnik, denn auch jedes andere deiner Gefühle ist unzweifelhaft ein Teil von dir.

Statt der letzten Übung kannst du darum auch die Herzenstechnik mit jedem Gefühl machen, das dich stört:

Übung: *Die Herzenstechnik mit Gefühlen*

Bleiben wir am besten beim eben behandelten Gefühl von Schuld. Lege wie immer zuerst beide Hände auf dein Herz und atme einige Male langsam ein und wieder aus. Atme dann in dein Herz und deute die entstehende Wärme in deinen Händen als Ausdruck der Liebe deines Herzens. Geh nun ganz in dein Gefühl, das du transformieren möchtest. Hier wählen wir das Gefühl von Schuld. Sage dir wieder Sätze wie eben, etwa: »Ich bin schuld, ich bin das Letzte, ich bin der Schuldigste der Schuldigen.« Nun lade dein Gefühl von Schuld, das dabei entstanden ist, in dein Herz ein und webe mit deinem Atem darum herum einen Kokon von Licht und Liebe. Lass die Liebe auf dieses Gefühl einwirken, bis du dich leichter fühlst.

Auch dein abgelehntes Gefühl bleibt, wie es ist, bis du es akzeptierst.

Wenn ich meine Schuld akzeptiere, bin ich sie einen Moment lang wirklich. Und in diesem magischen Moment lösen sich alle inneren Blockaden, die mit diesem Gefühl zusammenhängen, und geben es frei. Das Gefühl von Schuld wird dabei mit der Liebe als seiner Urquelle verbunden, aus der sie einmal entstanden ist, und löst sich dabei auf. Sie verwandelt sich ganz einfach in ihr duales Gegenteil, die Unschuld.

Unangenehme Gefühle, die endlich frei sein dürfen, wandeln sich in der Liebe in ihr Gegenteil.

Diese Erfahrung durfte ich bereits einige Male machen und darf darum sagen: Mit Hilfe dieser Technik können unangenehme, abgelehnte Gefühle erlöst werden. Genauer gesagt, wir werden von ihnen erlöst. Nicht nur unsere sichtbare Welt ist dual und damit in Gegenteilen aufgebaut, nein, die unsichtbare Dimension unserer Gefühle ist es ebenfalls. Wenn ich ein Gefühl wie Schuld nicht lebe und unterdrücke, vereist es und blockiert den Fluss der Energie. Damit wird aber gleichzeitig das gegenteilige Gefühl, das gut und angenehm ist, daran gehindert, seine Wirkung zu entfalten – in diesem Fall die Unschuld.

In der Unschuld ist niemand mehr schuld. Du bist nicht schuld und ich bin auch nicht schuld. Ich brauche deshalb meine Schuld nicht mehr in meiner Umwelt zu verteilen, sondern habe sie in mir angenommen und so verwandelt. Ich brauche niemanden mehr anzuklagen, wie fehlerhaft und schlecht er sei. Und gleichzeitig wird, in der Resonanz, mir selbst auch niemand mehr mit derartigen Anklagen kommen müssen.

Unschuldig zu sein bedeutet, gut zu sein, so wie man ist. Man akzeptiert sich und seine Fehler und im Spiegel dann auch die Umwelt mit all ihren Mängeln und Unvollkommenheiten. In dieser Akzeptanz schwingt die Liebe zur Schöpfung mit. Sie besitzt die Fähigkeit, alchemistisch alles durch ihre Liebe zum Guten wandeln zu können. Uns ist diese Fähigkeit ebenfalls gegeben, und durch unsere Absicht, uns mit Akzeptanz und Liebe innerlich zu verbinden und sie einzuladen, tauchen wir auf ganz einfache Weise ebenfalls in dieses schöpferische Feld der Liebe ein, das alles umgibt und durchdringt.

> *Unsere Liebe verbindet uns mit dem allumfassenden Feld der Liebe der Schöpfung.*

In den Augen der Unschuld verwandeln sich dann unsere scheinbar so furchtbaren Fehler. Gelingt es uns, selbst unsere schrecklichsten Mängel und Macken an uns selbst zu akzeptieren, werden sie in ihr

Gegenteil verwandelt, in unsere ganz besonderen Fähigkeiten und unser größtes Potenzial. Auch beim Fehler verhält es sich wie bei der Schuld, wenn wir ihn ganz zulassen und erleben, wird sein Potenzial erkennbar und frei. Vielleicht sehen wir unsere größte Schuld genau darin, fehlerhaft und unvollkommen zu sein.

Auch ein scheinbarer Fehler birgt in sich unser Potenzial.

Es scheint in uns eine sehr tief vergrabene und damit unbewusste Erinnerung daran zu geben, wie es war, als wir als Seele noch mit allen anderen Seelen verbunden waren, damals, im Himmel der Schöpfung. Dort, in der Vollkommenheit des Himmels, waren wir alle noch fehlerfrei und unschuldig. In diesem zeitlosen Zustand von Licht und Liebe gab es aber den Schatten noch nicht, und damit blieb alles in Ewigkeit so rein und vollkommen, wie es war und wie es immer sein wird. Indem wir uns entschlossen, Körper zu werden, und dazu unsere Seele aus ihrem ewigen Verbund mit den anderen zu lösen, waren wir in der Lage, diese menschliche Erfahrung zu machen, die wir alle kennen und gerade leben. Diese erste Trennung schwingt als ewige Erinnerung in uns fort und ist für mich der Ursprung all dessen, was wir auf unserer Erde als Schuld bezeichnen. Um Mensch zu werden, mussten wir der Einheit des Himmels Lebewohl sagen, nur um nach unserem Ableben eines Tages festzustellen, dass wir uns in Wahrheit nie wirklich aus diesem Himmel entfernt hatten.

Ein Indiz dafür, dass es in Wirklichkeit gar keine Schuld in dem Sinne gibt, wie wir sie verwenden, findet sich in der ursprünglichen Form des Vaterunsers. Jesus Christus hat aller Wahrscheinlichkeit nach Aramäisch gesprochen, eine Sprache, die heute nur noch wenig in Teilen des Vorderen Orients gesprochen wird. Wie in vielen alten Sprachen haben im Aramäischen zahlreiche Wörter gleich mehrere Bedeutungen, so ist etwa das Wort für Blut und Wein und die Farbe Rot ein und dasselbe. Man muss als Zuhörer aus dem Zusammenhang schließen, wie ein bestimmtes Wort gemeint ist. Die deutsche Übersetzung des Vaterunsers, wie wir es kennen, ist darum nur eine von vielen möglichen.

In unserer Neuen Zeit ist jeder aufgefordert, dieser alten Quelle des Hauptgebetes unseres Vaterunsers nachzuspüren, wie ich es in *Gebete ans Universum* (siehe Bibliografie) angeboten habe. Schon das erste Wort, das »Abwun« lautet, hat eine andere Bedeutung als »Vater«, denn dieser würde mit »Abba« bezeichnet. »Abwun« hat eine weiter gefasste Bedeutung, die eher als »himmlische Eltern« zu verstehen ist. Klarmachen sollte man sich auch, wie wichtig und aussagekräftig das letzte Wort dieses Gebets, »Amen«, sein muss, ist es doch das einzig verbliebende, das nicht übersetzt und verändert worden ist. Zu Jesu Zeiten verwendeten etwa Bauern dieses Wort, wenn sie sich einen Ochsen kauften. »Amen« bedeutet so viel wie: »So soll es sein. Dieser Pakt zwischen uns soll bestehen bleiben und gelten und darf nicht gebrochen werden.« Das Vaterunser wird damit zum Vertrag zwischen uns und der Schöpfung, der sich bei jedem neuen Gebet erneuert.

Aber zurück zum Begriff Schuld. Jeder von uns kennt die Passage des Vaterunsers: »und vergib uns unsere Schuld«. Im Originaltext findet sich keine solche Formulierung, vielmehr könnte diese Textstelle eher folgendermaßen treffend übersetzt werden: »Lieber Gott, bitte lass mich in ständiger Verbindung zu dir stehen, damit ich spüre, wie und wo ich in deinem Sinne handeln soll.« »Schuld« würde in diesem Zusammenhang nur bedeuten, die Führung des Himmels verloren zu haben und deshalb Dinge zu tun, die nicht im Einklang mit der Schöpfung stehen. Wir begehen Fehler, weil wir die Obhut des Himmels verloren haben. Und wir beten im aramäischen Urtext deshalb darum, immer wieder neu zu spüren, was die innere Stimme unsere Führung uns zu tun einflüstert.

Im ursprünglichen aramäischen Vaterunser gibt es den Begriff von Schuld nicht.

Es ist genau dieser innere Teil in uns, der unseren himmlischen Zugang vergessen hat und den wir bei einem Ho'oponopono-Ritual daran erinnern, wieder der inneren Stimme der Liebe zu folgen und ihr zu vertrauen. Wir übernehmen dabei die Verantwortung für unser Vergessen, mit welcher Absicht unsere Seele ursprünglich einmal auf diese Erde gekommen ist. Unsere »Schuld« besteht darin, den Kontakt zur himmlischen Führung abgebrochen und uns dadurch in Irrtümern verloren zu haben. Und es ist gleichzeitig die wichtigste Voraussetzung für unser immerwährendes Spiel hier unten im Freizeitpark Erde. Nur wenn wir unsere wahre Herkunft vergessen haben, können wir nach ihr suchen und auf immer neue Arten zu ihr zurückfinden. Um so den Himmel schließlich auf diese Erde zu bringen.

Übung: Die Schuld der ersten Trennung heilen

Leg dich auf den Rücken, am besten auf eine weiche Unterlage oder in dein Bett. Beginne, ganz entspannt ein und aus zu atmen. Stell dir dann vor, wie du immer leichter wirst und über deiner Unterlage schwebst. Mit jedem Atemzug fühlst du dich leichter und schwereloser, und schon fliegst du bis zur Zimmerdecke.

Mühelos gleitest du hindurch und durch die Decken darüber, bis du über dem Haus schwebst, in dem du wohnst. Fliege immer höher, das Haus wird kleiner, das Dorf und die Stadt ebenso, und schon schwebst du im Weltraum und die Erde ist nur noch klein unter dir zu sehen. Um dich herum ist eine Art Seifenblase entstanden, die golden im Licht der Sterne schimmert.

Schaue dich nun um. Suche dir einen Stern aus, der sein Licht wie einen Laserstrahl durch deinen ganzen Körper schickt, und zwar in Höhe deines Solarplexus. Der Strahl geht vollständig durch dich hindurch und zieht weiter ins Universum. Dann wähle einen zweiten Stern aus, der ebenfalls sein Licht wie ein Laser durch deinen Solarplexus schickt. Beide Strahlen kreuzen sich dort. Wähle einen dritten Stern aus, einen vierten und, wenn du möchtest, auch noch einen fünften. Alle senden ihr Licht durch deinen Solarplexus und überschneiden sich dort.

Spüre in diese Stelle deines Körpers hinein. Dort ist Wärme. Deute die entstehende Wärme als Heilenergie, die in deinem Solarplexus jedes Gefühl von Schuld verwandelt. Beende die Übung nach einigen Minuten, wenn es sich für dich richtig anfühlt.

Eine kleine Erfolgsgeschichte (7)

Steffi erzählt im Seminar, ihr Schwiegervater sei vor ein paar Tagen total gemein zu ihr gewesen. Da er mal wieder zu viel getrunken hatte, habe er sie doch tatsächlich nach Strich und Faden beschimpft und verbal fertig gemacht. Sie ist darum sehr verletzt und wünscht sich eine Entschuldigung von ihm. Sie sagt aber gleich dazu, solche Ausfälle seien schon häufiger vorgekommen und sie könne eigentlich nicht mehr mit einer Versöhnung rechnen.

Wir hoppen also dieses Thema und nehmen den Teil in unser Herz, der sich solche Situationen ebenfalls erschaffen könnte. Sechs Wochen später, beim nächsten Seminar, erzählt Steffi freudestrahlend, der Schwiegervater habe von sich aus um ein Gespräch gebeten, bei dem er sich nicht nur einmal, sondern gleich mehrfach sehr für sein ungebührliches Verhalten entschuldigt hätte. Geht doch!

> ***Das siebte Prinzip der Liebe***
> **Liebe vermag es, unangenehme Gefühle in ihr Gegenteil zu verwandeln.**

Das Gefühl von Schuld wird nur stärker und auf andere Menschen übertragen, wenn wir es ablehnen und nicht spüren wollen. Gelingt es uns, die Schuldgefühle anzunehmen und zu akzeptieren, werden wir innerlich frei davon und finden in den Frieden der Unschuld zurück.

Liebe versteht es, jedes Gefühl anzunehmen und auf diese Weise ins Erleben und in den Moment zu bringen, und dadurch kann Liebe dieses Gefühl in sein Gegenteil verwandeln. Dieses Prinzip folgt der Arbeitsanweisung der Alchemisten unseres Mittelalters, um Gold zu gewinnen, die da lautet: *Solve et coagular*, auflösen und wieder vereinen. Die innerliche Blockade wird aufgelöst, damit das vorhandene Potenzial dahinter sich endlich zeigen kann!

8

Beten um Vergebung

»Wer anderen nicht vergeben kann, zerbricht die Brücke, über die er selbst gehen muss, wenn er jemals in den Himmel kommen möchte. Jedem muss vergeben werden.« – George Herbert

»Irren ist menschlich, Vergeben ist heilig.« – Alexander Pope

➤ In seiner höchsten und letzten Stufe wird Schuld nicht nur auf den anderen Menschen, sondern auf alles in dieser Welt projiziert, auf das schlechte Wetter, das blöde Auto, den langsamen Rechner und schließlich sogar auf die Schöpfung selbst, auf Gott. Dann machen wir Gott verantwortlich für unser Schicksal und die Probleme in unserem Leben. Wer den Weg der Liebe und der Vergebung geht, der wird früher oder später auf Gott stoßen. Und schließlich vergeben wir auch Gott und entdecken seinen vollkommenen Entwurf unserer Welt, der gerade in ihrer Unvollkommenheit besteht. Wenn das Herz sich vergrößert, bekommen immer mehr andere Menschen Raum darin, und es entsteht sogar Platz für die unsichtbare Welt, die nun spürbar und wahrnehmbar wird. Ho'oponopono ist in seinem Ursprung ein Gebet an Gott, die Schöpfung selbst, mit der Bitte, unsere falschen unheilen Gedanken immer wieder richtig zu stellen, die uns getrennt haben von ihm. Und so finden wir ein ums andere Mal zu unserem Ursprung zurück.

Auf unserer ständigen lebenslangen Suche nach dem, was wir wirklich sind, ist die Liebe unser Licht in der Dunkelheit. Sie leuchtet uns den Weg, selbst in Situationen, in denen wir wirklich nicht mehr weiter wissen. Jeder von uns kennt solche Momente im Leben, wo es zu Krisen und Trennungen kommt, wo Menschen uns verlassen und wir einfach keinen Ausweg mehr sehen. Seit altersher suchen wir dann Hilfe bei einer höheren Instanz: Wir beten zu Gott.

Es könnte ja helfen. Nun, wo wir alles versucht haben und wirklich nicht mehr weiter wissen, wenden wir uns an die Instanz, die eigentlich bei vielen von uns in unserer modernen Welt kaum noch eine Rolle spielt. Mein Onkel war zum Beispiel schon früh aus der Kirche ausgetreten und bat dann doch, kurz vor seinem Tod, den Pfarrer unseres Dorfes um kirchlichen Beistand. Augenzwinkernd sagte er mir anschließend, seinem rheinländischen Naturell folgend, »mit vier minus in den Himmel zu kommen sei doch hoffentlich genug«. Gott nimmt sich schließlich gern auch der verirrten Seelen hier unten an. Das ist doch ein Trost.

Gott vergibt uns alles, jeden Zweifel an ihm und jedes Vergehen, das wir begangen haben könnten. Gott ist Liebe, diese Aussage ist Inhalt vieler Religionen und nicht nur unseres Christentums. Und diese Liebe befähigt ihn, uns als seinen geliebten Kindern alles zu vergeben. Diese Liebe, die wir zu uns einladen können und die uns die Kraft zur Vergebung schenkt, wächst bei diesem Vorgang irgendwann so sehr, dass wir schließlich selbst zu solch einer allumfassenden Liebe fähig werden. Und hier befassen wir uns dann intensiver mit *unserem* Gott.

Dann vergeben wir endlich auch der höchsten Instanz, die uns das Leben geschenkt hat, *unserem* Gott. Was haben wir ihm nicht alles in die Schuhe geschoben! Wie konnte Gott uns das antun, diese vielfältigen Prüfungen in unserem Leben, die da heißen: Problem, Unfall, Krankheit, Scheidung. In unserem Leiden haben wir allzu oft Gott einen Vorwurf gemacht: Wie konnte er uns nur diese Qual in unserem Leben antun! Schließlich wird unser Herz auf unserem Weg der Liebe so groß, dass es selbst Raum bekommt für die Schöpfung, das Universum und unseren Gott. Vergebung führt auf dieser höchsten Ebene dazu, uns endlich mit unserem Gott zu versöhnen. Und wir verschmelzen auf diese Weise mit unserem Ursprung und finden zu uns selbst zurück.

Den Hawaiianern war dieser Zusammenhang sicherlich bewusst, als sie ihr Vergebungsritual Ho'oponopono erschufen. Das Unheil dieser Welt führen sie darin allein darauf zurück, dass unsere Gedanken falsch sind. Im festen Glauben an die göttliche Allmacht sind sie überzeugt davon, alles auf dieser Welt sei von Gott erschaffen. Wenn wir darum meinen, etwas sei gegen uns, dann muss demzufolge unser Denken falsch sein. Und dieses unheilvolle Denken zieht dann weiteres Unheil an. Beim Ho'oponopono verbinden sich die Hawaiianer deshalb mit ihrem Gott und bitten darum, ihr falsches Denken zu heilen! In seinem Ursprung ist das Ritual des Ho'oponopono darum ein tiefes Gebet an die Schöpfung.

Das hawaiianische Vergebungsritual Ho'oponopono ist ein Gebet zu Gott.

In unserer Kultur ist das Beten leider in Vergessenheit geraten. Wir gehen mit unseren Kindern vielleicht noch an Weihnachten in die Kirche, so wie viele andere es tun, da es einfach Tradition ist und wir gern die Krippe dort bestaunen möchten. Ich bin mir aber sicher, Ho'oponopono hat jetzt wieder zu uns zurückgefunden, um uns die Kraft der Liebe und Vergebung wieder bewusster werden zu lassen ... und auf diese Weise die Quelle in uns wieder frei zu legen, die uns mit allem verbindet, was ist – mit der Schöpfung selbst, die zwar unsere sichtbare Welt umfasst, aber eben vor allem ganz stark im Unsichtbaren auf sie einwirkt. In unserem neuen Zeitalter öffnen wir unser Herz darum auch für die unsichtbaren Kräfte, die im Feld der Liebe immer anwesend sind. Wir können sie einladen, für uns zu wirken. Nichts anderes ist Beten, wir laden den Himmel und seine unsichtbaren Mächte zu uns ein, bitten sie um ihren Beistand.

Gandhi sagte darum:

Beten ist nicht bitten. Es ist ein Sehnen der Seele.

Unsere Seele hat eine Erinnerung an das, was wir auch noch sind, Wesen, denen die Erde ebenso wie der Himmel zur Verfügung stehen. Wir sehnen uns nach diesem Bewusstsein zurück und vielleicht ist der Kern jeder Suche eines Einzelnen nach dem Sinn des Lebens ursächlich darin begründet, diese zeitlose Ewigkeit wiederzufinden, aus der unsere Seelen herausgegangen sind, um die Erdenerfahrung überhaupt erst machen zu können. Wenn unsere Liebe wächst, kann unser

Gefühlskörper so groß werden, dass er selbst die unsichtbaren Ebenen spüren und erleben kann. Er bekommt dann eine Verbindung zu den Kräften und Mächten des Himmels, den Engeln und Heiligen. Es ist diese Verbindung, um die im aramäischen Vaterunser gebetet wird: *Lieber Gott, lass mich in Verbindung mit dir bleiben.*

Wir als Menschen stehen als Vermittler zwischen sichtbarer und unsichtbarer Welt. Es ist diese Fähigkeit, um die selbst die Engel uns beneiden. Engel besitzen keinen materiellen Körper und können darum diese erlebte und gefühlte Erdenerfahrung nicht in demselben Maße machen wie wir. Darum freuen sie sich so sehr, wenn wir uns an sie erinnern, sie einladen und ihrer gedenken, denn dann fühlen sie sich gesehen und können ein Stück weit an unserem Erleben hier unten teilhaben. Ja, sie warten geradezu darauf. Sie möchten gerne etwas für uns tun.

In diesem Kapitel stelle ich dir einige neue Ho'oponopono-Techniken vor, die uns wieder mit dem Himmel verbinden. Sie sind alle in den letzten Jahren aus dem Hoppen entstanden und ähneln einem modernen Gebet. Gott kommt ursprünglich von dem Wortstamm »gut«, und beim Gebet laden wir somit das Gute des Himmels hier auf diese sichtbare Welt ein. Erleben wir unser Leben als schlecht oder unvollkommen, hilft uns das Gebet, die vollkommenen Kräfte des Himmels zur Verbesserung zu Hilfe zu rufen. Und sie warten nur darauf, sie freuen sich, teilhaben zu dürfen an unserer Erfahrung.

Der Himmel gehört zu uns. Wir sind ein Teil von ihm. Unsere Schöpferkraft beruht darauf, die himmlischen Helfer an der Seite zu haben. Wenn wir uns in Vergebung üben, verschieben wir keine Schuld mehr auf die Schöpfung, etwas falsch gemacht zu haben in unserem Leben. Viel mehr nutzen wir den Himmel dazu, für Verbesserungen zu sorgen, gerade dort, wo wir das Gefühl haben, es könnte besser sein. Akzeptanz bleibt auch hier das Zauberwort. Beim Gebet laden wir Gott als das Gute in unser Leben ein und akzeptieren seine Weisheit und Kraft. Er weiß besser als wir, was für uns gut und richtig ist, und darum akzeptieren wir seine Führung. Wir akzeptieren damit auch seine Schöpfung, so wie sie ist, und hören auf, mit ihr zu hadern. Und wir akzeptieren unsere himmlische Herkunft und stellen uns somit unserer Verantwortung, diese Erde zu einem besseren Ort zu machen, für jeden von uns. Am Ende entdecken wir dabei sogar:

Diese Welt erscheint uns unvollkommen,
damit wir unsere Schöpferkraft entdecken und
zum Guten einsetzen können.

Nur weil wir spüren, dass etwas fehlt, können wir entdecken, wie stark wir mit Hilfe der Liebe für Verbesserung sorgen können. Es ist die Freude eines Kindes, das Laufen lernt, Schreiben, Lesen und Schwimmen. Wenn wir etwas neu erlernen, ist die Begeisterung riesengroß, und nur weil wir vergessen haben, wer wir sind, können wir es immer aufs Neue entdecken. Hier steckt verborgen, warum gerade in der scheinbaren Unvollkommenheit dieser Welt ihre versteckte Vollkommenheit schlummert.

Das Schönste daran, die himmlischen Helfer beim Gebet zu uns einzuladen, ist, wir finden zu unserem Glauben zurück. Wenn wir die Erfahrung machen, durch die Anrufung von Heiligen oder Engeln ein Problem lösen zu können, können wir erst richtig glauben, wie gut es funktioniert. Wir tun es dann öfter, wir praktizieren es wieder und wieder.

Unsere guten Erfahrungen beim Beten geben uns unseren Glauben zurück.

Übung: *Den heiligen Antonius einladen*

Ganz verbreitet ist das einfachste Beispiel, den heiligen Sankt Antonius einzuladen, wann immer wir einen Schlüssel verloren haben oder ein wichtiges Dokument nicht finden können. In solchen Fällen ist es ratsam, Sankt Antonius um Hilfe zu bitten, etwa so: »Lieber Antonius, bitte hilf mir, mein Fahrradschlüssel ist weg und ich kann mein Fahrradschloss nicht öffnen. Bitte hilf mir dabei, ihn zu finden.« Plötzlich findet sich dann der Schlüssel in einer Tasche, die ich schon drei Mal ganz genau durchsucht hatte. Die Formulierung ist dabei weniger wichtig, Hauptsache, ich stimme mich im Herzen auf diesen Heiligen ein und bitte ihn voll Demut um seine Unterstützung.

Manchmal ist schon hilfreich, wenn wir auf diese Weise aus unserem persönlichen Drama herausfinden. Wir verirren uns nur allzu leicht in unseren unheilen, panischen Gedanken. Im obigen Beispiel steigert man sich ganz schnell in wahnsinnige Vorstellungen hinein: »Oh weh, ich komme nie nach Hause. Ich finde den Schlüssel sicher nicht und bleibe ewig hier stecken.« Die Gedanken werden dann so stark und eigenmächtig, sie sehen in ihrem Chaos den Schlüssel nicht in der Tasche, wie wir den Wald vor lauter Bäumen nicht sehen. Wieder geht es, wie beim Ho'oponopono, allein darum, den inneren Frieden in uns wieder zu entdecken. Und die Disharmonie löst sich auf, der Schlüssel ist plötzlich wieder da.

Wie verrückt unsere Gedanken werden können, habe ich vor kurzem am eigenen Leib erfahren dürfen. Für eine Vortragsreise wollte ich mir im Internet eine Bahnfahrkarte kaufen und war ganz locker, denn das ist normalerweise super einfach. Diesmal lief aber alles quer. Plötzlich musste ich mein Passwort des Kontos eingeben, was vorher noch nie nötig war, und wohl darum gab ich es gleich zwei Mal falsch ein. Beim dritten Fehlversuch würde mein Konto gesperrt, das hatte ich schon, dann wird es richtig schwer, es wieder freigeschaltet zu bekommen. Jetzt war ich wirklich genervt. Ich spürte aber zum Glück, wie sehr meine Gedanken in Rage kamen und beschloss, erst einmal spazieren zu gehen.

Der Wald wirkt übrigens ganz ähnlich wie ein Gebet zu einem Heiligen, weil hier die unsichtbaren Wesen der Natur tätig sind und uns mit ihrer Anwesenheit beruhigen. An der frischen Luft lud ich Antonius ein und betete, mir die Kontonummer zu geben, da ich sie offenbar vergessen hatte. Nach einer halben Stunde Natur fiel mir ein: Ich hatte das Passwort vor längerer Zeit geändert und anderswo als sonst notiert. Zu Hause konnte ich sofort die Buchung abschließen. Mir fiel ein Stein vom Herzen. Alles war plötzlich kein Problem mehr, hätte aber leicht eines werden können. Danke, Antonius, für deine Unterstützung!

Wenn wir die Heiligen einladen, dienen wir als Menschen dabei dem Himmlischen als Kanal, als Möglichkeit, auf dieser Erde zu wirken, was für mich eine unserer vorrangigen Aufgaben hier unten auf dieser Welt ist. Ohne unsere Mitwirkung können diese Energien nicht auf unsere Erde kommen. Wir müssen sie schon einladen und um ihre Hilfe bitten. Dabei fühlen wir sie, vielleicht zum ersten Mal, und lernen sie so besser kennen. Die Liebe in uns führt uns dazu, die Liebe des Himmels in Form von Heiligen oder Engeln auf diese Welt einzuladen.

Beim Gebet bringen wir die himmlischen Energien auf diese Erde.

Mit der Kenntnis des Hoppens können wir nun gleich zwei Fliegen mit einer Klappe schlagen. Zum einen laden wir die Kräfte des Himmels dazu ein, mitzuwirken, zum anderen fühlen wir gleichzeitig, wie sie sich anfühlen und bekommen ein Gespür für sie. In unserem Herzen schafft unsere Liebe einen Raum, der sich auf den Himmel ausweitet und Kontakt aufnimmt. Im Grunde ist es unser Herz, das sich in den Himmel erhebt. In der Liebe freunden wir uns mit den Kräften des Himmels an.

Übung: *Mutter Maria einladen*

Maria ist wohl die Instanz, die wir beim Beten am häufigsten anrufen. Wenn du mit Maria in Verbindung treten möchtest, lege beide Hände auf dein Herz und atme einige Male ein und wieder aus. Geh nun ganz nach innen, dreh dich sozusagen zu deinem Herzen um. Entzünde hier ein Licht und lade durch dein Bitten Mutter Maria hierher ein. Spüre, was geschieht. Sei innerlich ganz still und erwartungsvoll, wie du es beim Hören der Stimme deines Herzens kennengelernt hast. Wie fühlt sich Maria an? Hörst du ihre Stimme? Um was möchtest du sie bitten? Spreche es aus, im Raum deines Herzens. Und danke ihr, dich erhört zu haben und dir helfen zu wollen. Beende die Übung nach ein paar Minuten.

Übung: *Mit Maria Vergebung üben*

Die Barmherzigkeit und Güte von Maria kann sehr hilfreich sein, wenn es mir schwer fällt, einem anderen Menschen zu vergeben.

Spüre in diesem Fall wieder dein Herz, dreh dich nach innen und lade Maria ein. Spüre, wie sich dein Herzensraum dabei anfühlt und verändert. Nun trage Maria dein Anliegen vor. »Maria, heilige Mutter, lehre mich in deiner Güte, wie ich mit diesem Menschen besser umgehen kann. Lehre mich deine Barmherzigkeit, lass mich erkennen, wie ich dieser Person das Gute schenken kann. Mutter Maria, ich bitte dich um deinen Segen. Bitte segne mich.« Stell dir vor, wie deine Liebe über Zeit und Raum zu dieser Person fließt und wie in deinem Herzen die Ablehnung immer kleiner wird. Beende die Übung, wenn es sich für dich richtig anfühlt.

In ähnlicher Form können wir natürlich auch zu den Engeln beten. Jeder hat hier seinen persönlichen Favoriten, Michael, Gabriel oder Raphael sind die bekanntesten. Lade einfach diesen Engel in dein Herz ein, so wie es gerade bei Maria beschrieben wurde. Diesen Engel kannst du ebenso spüren und um seinen Segen bitten wie sie ihren. Lerne ihn kennen, mach ihn zu deinem besten Freund.

In meinen Seminaren zum hawaiianischen Ho'oponopono ist dabei eine Variante entstanden, die ich dir hier vorstellen möchte. Dabei laden wir den Engel der Vergebung ein.

Übung: *Der Engel der Vergebung*

Lege beide Hände auf dein Herz und atme ein paar Mal in dein Herz ein und aus. Dreh dich nun nach innen zu deinem Herzen und beginne, es zu spüren. Verbinde dich über deine Hand mit deinem Herzen und atme in dein Herz. Nun stell dir vor, beim nächsten Atemzug eine Energiekopie deines Herzens in deine Hand nehmen zu können, und lege deine Hände mit dieser Kopie deines Herzens nun in deinen Schoß.

Wie fühlt sich dein Herz an, welche Form, welches Farbe siehst du bei ihm? Spüre eine Minute lang in dein Herz hinein, das in deinen Händen liegt.

Nun, im nächsten Schritt, stell dir vor, dein Herz würde ganz leicht. Es steigt langsam aus deinen Händen auf wie ein Luftballon und hoch zur Zimmerdecke. Stell dir vor, wie es mühelos durch die Decke fliegt und durch alle Decken darüber. Es steigt über das Haus, in dem du gerade bist, weiter auf und du siehst von oben, wie die Erde unter dir langsam immer weiter entfernt ist und kleiner wird.

Bald schon steigst du noch weiter auf, die Erde unter dir ist schon ganz winzig und du kommst in die himmlische Ebene der Engel. Schau dich hier um, wie sieht es hier aus? Nach einer Weile entdeckst du einen weißen Berg mit einer herzförmigen Spitze. Gerade, als du diesen Berg betrachtest, öffnet sich dieses Herz und wird zu zwei Flügeln, die sich ausbreiten und eindeutig zum Engel der Vergebung gehören. Dieser Engel fliegt nun zu deinem Herzen hin und schenkt ihm Vergebung.

Alle Anschuldigungen, die du gegenüber einem anderen Menschen, dir selbst oder gegenüber Gott in dir trägst, werden von diesem Engel geheilt. Lass ihn ein paar Minuten wirken mit seinem Vergebungssegen. Dann, wenn es sich für dich richtig anfühlt, danke diesem Engel und verabschiede dich von ihm. Schau zu, wie er zu seinem Berg zurück fliegt und wie seine Flügel wieder das Herz auf seiner Spitze bilden.

Verabschiede dich nun von der Ebene der Engel und sinke langsam wieder zur Erde zurück. Du siehst, wie die Erdkugel größer wird, wie du über deinem Haus ankommst und durch die Decken sinkst. Dein Herz liegt wieder in deinen Händen in deinem Schoß. Wie fühlt es sich nun an? Ist es leichter, ist es schwerer geworden? Wie ist jetzt seine Form, seine Farbe? Fühle es noch eine kleine Weile, bevor du die Energiekopie deines Herzens mit einem großen

Atemzug zurück zu deinem körperlichen Herz bringst, indem du nun die Hände mit der Kopie auf deine Brust legst.

Spüre, wie diese Kopie mit dem körperlichen Herzen verschmilzt und dabei auch jede Zelle deines Herzens durch die Energie des Engels der Vergebung gesegnet und transformiert wird. Beende die Übung, wenn es sich für dich richtig anfühlt.

Die Gaben des Himmels stehen uns immer zur Verfügung. Wir müssen uns nur an sie erinnern. Wir sind als Teil der Schöpfung in einem holistischen Sinne in der Lage, mit allen ihren anderen Teilen und Aspekten in Verbindung zu treten. Denn das ist die Wahrheit: *Wir sind ein Teil des Himmels.*

Zum Abschluss möchte ich dir noch eine Abwandlung der Herzenstechnik vorstellen, bei der wir uns dieser Tatsache bewusst werden. Dabei laden wir die Liebe des Himmels ein.

Übung: *Die himmlische Variante der Herzenstechnik*

Wenn es dir besonders schwer fällt, einen anderen Menschen in dein Herz zu nehmen und ihm so zu vergeben, dann meinst du vielleicht, die Liebe in deinem Herzen allein reicht dazu nicht aus. Ihr seid einfach zu zerstritten. Lade in diesem Fall die Liebe der Schöpfung ein, die Liebe des himmlischen Vaters und der Großen Mutter, unseres himmlischen Elternpaares.

Atme, wie du es schon kennst, in dein Herz ein und wieder aus. Dreh dich nach innen um zu deinem Herzen und lege die Hände auf deine Brust. Deute die Wärme, die entsteht, als Ausdruck der Liebe deines Herzens. Nun lenke deinen Atem in den Himmel, wie du es vom Kreuzatem bereits kennst.

»Ich atme im höchsten Himmel der Schöpfung ein und verbinde meinen Atem mit der himmlischen Liebe meines Vaters und meiner Mutter im Himmel. Ich bitte diese Liebe, auf meinen Atem überzuspringen. Ich atme diesen himmlischen Atem aus der Vollkommenheit des Himmels in mein Herz ein und hülle hier den Teil in mir mit dieser Liebe ein, der mit der Auseinandersetzung mit diesem Menschen zu tun hat.«

Wiederhole diesen Vorgang bei jedem Atemzug und stell dir vor, wie dabei ein Kokon in deinem Herzen entsteht, der immer dichter wird und vor Licht und Liebe leuchtet. Wie fühlt sich das an? Beende diese Übung, wenn es sich für dich richtig anfühlt.

Bei allen diesen angebotenen Übungen denke bitte am Schluss immer daran, dankbar zu sein für alle Gaben und Segen, die du dabei erhalten hast. Wenn wir die himmlischen Wesen in ihrer Arbeit anerkennen und ihnen danken, dann fühlen sie sich von uns gesehen und kommen noch sehr viel lieber zu uns, um uns zu helfen. Das ist ganz ähnlich wie beim Erntedankfest, wo wir auch der Mutter Erde und ihren hilfreichen Naturwesen dafür danken, dass sie uns mit Nahrung versorgen und allem, was wir brauchen.

Eine kleine Erfolgsgeschichte (8)

Meine Tochter geht nun in die elfte Klasse und hat die Aufgabe, sich für einige Wochen einen Praktikumsplatz zu besorgen, um Berufserfahrung zu sammeln. Sie suchte eine Weile herum und fand dann eine Buchbinderei in München, die aber eine Anreise von fast zwei Stunden hin und zwei Stunden zurück mit sich bringen würde. Gern wollte ich meine Tochter diese Stelle allein finden lassen und ihr nicht dabei helfen. Was würde es aber schaden, ein wenig zum Himmel zu beten?

Ich bat darum Mutter Maria, sich meiner Tochter anzunehmen, das fand ich am passendsten. Ich bat darum, meiner Tochter bei der Suche nach einem schönen Praktikumsplatz zu helfen, der vor allem näher an unserem Zuhause sein sollte. Und es half tatsächlich. Bald darauf kam meine Tochter auf die Idee, in einer Malschule anzufragen, die ganz in der Nähe liegt. Hier üben sich vor allem Schulkinder beim Zeichnen, darum finden die Kurse nur am Nachmittag statt. Es gab noch ein kleines Hin und Her mit der Leitung der Schule, da meine Tochter keine 40-Stunden-Woche an dieser Stelle haben kann. Aber am Ende erlaubte die Schule diesen Praktikumsplatz und meine Tochter ist selig, denn sie kann zur Hälfte auch zu Hause arbeiten und dort Zeichenübungen machen.

Das achte Prinzip der Liebe
Gott ist Liebe und Liebe ist Gott.

Mit Hilfe der Liebe verbinden wir uns immer mehr mit den unsichtbaren himmlischen Kräften und laden sie in unser Leben ein. Liebe zeigt uns somit den Weg zurück in den Himmel und auch, was wir noch sind und welche Möglichkeiten wir bekommen haben, schöpferisch wie der Himmel zu sein. Die wachsende Liebe in uns lässt uns auch mit unserem Schicksal versöhnlicher werden und je mehr wir akzeptieren können, geliebte Kinder des Himmels zu sein, umso mehr stellt uns der Himmel seine wundersamen Gaben zur Verfügung.

Liebe führt uns in den Himmel und macht uns zu einem Teil von ihm. So können wir diese Liebe spüren und sie einladen, für uns hier unten auf der Erde wirksam zu werden.

9

Wir sind mit allem verbunden

»Auge um Auge, und die ganze Welt würde erblinden.« – Gandhi

»Der Siege göttlichster ist das Vergeben.« – Schiller

➤ Vergebung schenkt dem schwierigen Menschen an unserer Seite Barmherzigkeit und öffnet uns bald darauf das Tor zur unsichtbaren Welt des Himmels. Schließlich macht sie uns bewusst, wie untrennbar wir mit allem auf diesem Planeten verbunden sind. Dies umfasst dann die sichtbare Welt, wie etwa unser Haus, unser Auto oder unseren Computer. Darüber hinaus wirken wir mit unserem Gefühlskörper aber auch auf die Menschen um uns herum ein, in der Ablehnung ebenso wie in der Zuneigung. Andere spüren, was wir fühlen. Und wenn genügend Menschen dasselbe denken und fühlen, potenziert sich diese Kraft und es wird eine Bewegung daraus. So hat seinerzeit der wachsende ökologische Sinn zur Gründung der Partei Die Grünen geführt. Im schlechtesten Fall entstehen dadurch Konflikte, im besten Fall Harmonie und Frieden. Durch Vergebung werden wir uns dieser Verantwortung bewusst. Wenn wir den Weltfrieden möchten (und wer will den nicht), darf jeder Einzelne von uns sein Puzzlesteinchen zu diesem harmonischen Mosaik beitragen.

Gleich zu Anfang, als wir das Hoppen gerade aus der Taufe gehoben hatten, erhielten wir unerwartet einen ersten Erfolgsbericht. Ein Vertriebspartner, der unser Buch *Cosmic Ordering – die neue Dimension der Realitätsgestaltung* auslieferte, hatte es sofort gelesen und das Hoppen – verrückterweise – auf das defekte Schiebedach seines Autos angewendet. Die Werkstatt hatte das Schiebedach geprüft und wollte demnächst die Elektrik daran austauschen, aber trotzdem fragte er einfach mal während der nächsten Autofahrt in sich hinein: »Wenn ich das Schiebedach wäre, warum wäre ich kaputt gegangen?« Und er fand als Antwort: »Ich als Schiebedach wäre beleidigt. Den ganzen Winter über hast du mich links liegengelassen und nicht benutzt, jetzt beim ersten Sonnenstrahl soll ich plötzlich wieder nach deiner Pfeife tanzen, als ob nichts gewesen wäre. Du kannst mich mal, ich streike jetzt!« Der Mann nahm daraufhin den Teil in sein Herz, der mit diesem kaputten Dach in Verbindung steht, und wäre vor Erstaunen fast in den Graben neben der Straße gefahren. Das Schiebedach ging nämlich auf und funktioniert seitdem wieder tadellos.

Nachdem Vergebung uns dabei geholfen hat, uns mit dem Himmel und unserem Universum auszusöhnen, wird unser Herz noch weiter und wendet sich wieder unserer Alltagswelt zu. Mit Liebe können wir alles durchdringen, was uns umgibt und diese Fähigkeit macht selbst vor der scheinbar so unbelebten Materie nicht halt. Unser Geist und unsere

Gefühle verbinden uns mit der gesamten Welt, die uns umgibt. Und unsere Liebe wirkt selbst hier, wo wir es uns am wenigsten vorstellen können.

Liebe wirkt auf die belebte wie die scheinbar unbelebte Welt.

In dieser Weise habe ich im Laufe der letzten zehn Jahre viele unglaubliche Wunder erlebt und gesammelt. Das eben geschilderte Schiebedach war nur der Anfang. Navi, Waschmaschine, Elektroherd, Handy, es gibt kaum ein elektrisches Gerät, das noch nicht erfolgreich gehoppt und ins Herz genommen worden wäre. Meiner Erfahrung nach sind technische Geräte sehr anfällig, wenn wir in Stress und Hektik geraten, einem meiner besten Freunde stürzt der Computer regelmäßig ab, wenn er mal wieder in einer Nachtschicht auf den letzten Drücker seine Arbeiten fertigstellen möchte. Selbst hier wirkt innerer Friede darum Wunder. Und anders herum schlagen sich Unfriede und Aufregung auch hier kontraproduktiv auf jedes Ergebnis aus.*

Selbstverständlich wirken sich Frieden oder Unfrieden ebenfalls auf das Zubereiten von Mahlzeiten aus. »Ein guter

---

* *Anmerkung des Verlags:* In diesem Zusammenhang möchten wir Ihnen das Buch *Techno-Elementale: Beseelte Technik* von David Spangler empfehlen, das 2020 im AMRA Verlag erscheint. Es erklärt auf der Grundlage jahrelanger eingehender Forschungen erstmals, wie unsere Gedanken und Emotionen in Bezug auf scheinbar Unbelebtes sogenannte Elementale erschaffen, die ein eigenes Bewusstsein besitzen. Das ist der Grund dafür, warum viele von uns – sicher oft verblüfft – erkannt haben, dass sie mit ihrem Auto oder ihrem Computer sprechen können. Es zeigt aber auch, dass größere technische Einheiten wie das Internet oder die immer häufiger eingesetzte Künstliche Intelligenz zwangsläufig ein Eigenleben annehmen. Näheres hierzu auf www.AmraVerlag.de.

Koch kocht für den Magen und das Herz seines Gastes«, so beschreibt es beispielsweise ein indisches Restaurant in unserer Nähe, von dem vor allem meine Kinder in ihren ersten Lebensjahren sehr gern bekocht worden sind. Dieser indische Koch strahlt eine Ruhe und Gelassenheit aus, die sich ganz selbstverständlich in seinen Speisen wiederfindet.

Wage doch einfach mal das kleine Experiment und verbinde dich beim nächsten Ma(h)l, wenn du Gäste einlädst, beim Kochen und Zubereiten der Speisen mit deiner Liebe im Herzen, wie du es von der Herzenstechnik her kennst. Und sei dann gespannt, wie die Schleckermäuler am Tisch deine Kochkünste bewerten werden.

Man kann schmecken, wenn Essen mit Liebe zubereitet wurde.

Wohin kann Liebe sonst noch fließen? Viele Menschen lieben ihren Balkon oder ihren Garten und laden beim Arbeiten mit den Blumen und Pflanzen ihre Liebe mit ein, so wie eben der Koch beim Zubereiten seiner Speisen. Ich bin mir sicher, die Pflanzen spüren dies und belohnen die Hingabe der Gärtner mit besonders üppiger Blütenpracht. Vielleicht haben darum die »dümmsten Bauern die dicksten Kartoffeln«? Möglicherweise kommt es in Feld und Garten ja mehr auf die Liebe an als auf einen noch so klugen Kopf?

Auch die Pflanzen spüren, wenn sie vom Gärtner liebevoll behandelt werden.

Mein Vater hatte bereits eine Idee davon, wie sehr Liebe wirken kann und bedankte sich immer besonders bei seinem

Auto, wenn es brav eine längere Urlaubsreise mit uns absolviert hatte. Er gab seinem Wagen sogar eine Art Kosenamen, wie es manche Leute tun, und nannte ihn liebevoll Hermann Josef. Er sprach immer ein wenig mit ihm, wenn er es putzte, und es ging wirklich nie kaputt und ist niemals liegen geblieben. Ich habe diese Umgangsform dann auf meine eigenen Fahrzeuge übertragen und kann nur von den besten Erfahrungen damit berichten.

Übung: *Liebe verschenken*

Wenn selbst die unbelebte Welt die Auswirkungen von Liebe und Frieden in unseren Herzen spürt, warum nehmen wir uns nicht ein Beispiel daran und schenken unsere Liebe den vielen Gegenständen, die uns umgeben.

Mache eine kleine Übung daraus, geh durch deine Wohnung und sage allem, was du antrittst: »Ich liebe meinen Tisch, ich lieben diesen Stuhl, ich liebe den Teppich, ich liebe das Bad, die Küche, das Schlafzimmer. Ich liebe den Fernseher, ich liebe die Couchgarnitur. Ich liebe das ganze Haus, die ganze Wohnung.«

Wir geben so auch der unbelebten Materie um uns herum eine Art Herz, durch die Liebe fließt etwas von unserem Herzen auch zu ihr, zu all den Dingen ringsum. Denke daran, die Liebe wird mehr, wenn du sie verschenkst! Bei der kleinen Erfolgsgeschichte am Ende dieses Kapitels ist übrigens ebenfalls ein Haus der Hauptdarsteller, sei gespannt darauf.

An dieser Stelle möchte ich den verbreiteten Irrtum aufklären, Liebe sei etwas, das von außen zu uns findet und darum manchmal da ist und dann wieder weggehen kann, etwa so, wie die Sonne morgens aufgeht und am Abend wieder untergeht. Viele Menschen zeigen sich enttäuscht, wenn sie sich verliebt haben und einige Woche auf Wolke sieben schweben, um dann desto härter auf dem Boden der Tatsachen zu landen. Liebe kommt *nicht* von außen zu uns und kommt und geht, sie ist eine innere Einstellung, wie ich mit etwas umgehen will. Liebe ist darum viel eher eine Entscheidung!

Ich kann mich in jedem Augenblick der Liebe zuwenden und sie verschenken, wann immer ich das will. Bei der Herzenstechnik wird dies sehr deutlich, denn auch wenn ich etwas gar nicht mag und sogar ablehne, kann ich mich immer noch dafür entscheiden, die Liebe selbst hier wirken zu lassen.

Liebe ist eine Entscheidung. Wenn sie mal nicht da ist, habe ich nur vergessen, sie einzuladen.

Diese Möglichkeit, immer wieder die Liebe wählen zu können, stellt für mich die vielleicht wichtigste Konsequenz der Tatsache dar, dass wir als Menschen vom Himmel den freien Willen geschenkt bekommen haben. In jeder Sekunde steht uns diese Wahlmöglichkeit zur Verfügung. Wie will ich auf diesen Menschen, auf diese Situation reagieren? Ich gebe der Liebe den Vorzug und lasse sie wirken. Sie wird schon wissen, was das Beste für mich wie alle Beteiligten an dieser Situation sein wird.

Im Normalfall entscheiden wir uns jedoch anders. Wir haben wichtige Meinungen und sind weit entfernt davon, andere Meinungen gelten lassen zu können. Oft kämpfen wir sogar vehement dagegen. Und dieser Kampf ist das Gegenteil von Frieden. Ja, wir meinen sogar, für den *Frieden kämpfen* zu müssen, was in sich selbst paradox hoch drei ist. Mutter Teresa war sich dieses Zusammenhangs sehr klar, als sie meinte, niemals an einer Anti-

Kriegs-Demonstration teilnehmen zu wollen, aber gern an einer Veranstaltung für den Frieden.

> *Äußerer Unfrieden entsteht durch innere Ablehnungen.*

Übung: *Test für inneren Frieden*

Wenn du dir nicht sicher bist, ob du gerade wirklich in deiner Mitte und in deinem Frieden bist, gibt es einen einfachen Test. Frage dich, würde sich eine Taube jetzt in meiner Nähe niederlassen? Zu Zeiten Jesu Christi wurde die Taube zum heute noch gebräuchlichen Symbol für Frieden, da sie nur an Orten zu finden war, wo es wirklich friedlich ist. Sie baute ihr Nest und brütete nur bei Menschen, die freundlich waren und die sie gut behandelten. Damals waren Tauben noch sehr selten und sie haben nichts mit unseren heutigen Tauben zu tun, die wir in den Städten antreffen. Damals liebte man ihr Gurren und deutete es als sicheres Zeichen, dass hier Frieden herrscht. Dort, wo man sich streitete, fand man sie nicht, denn sie mieden die damit verbundene kriegerische Energie.

Wenn du darum deinen heutigen Tag betrachtest, wo würden, sinnbildlich, Tauben unter deinem Dach brüten und wo eher nicht? Wenn wir ehrlich sind, steckt unser Kopf doch voller Meinungen und Glauben daran, was gut und was falsch ist. Und dann kämpfen wir für diese Meinungen, was immer ein Kampf *bleibt*, und sei es für eine noch so gute Sache. Es ist folglich in sich energetisch unmöglich, für den Frieden zu kämpfen, da jeder innere Kampf früher oder später in einen äußeren Konflikt münden muss.

Die Hawaiianer sagen darum so gern:

Vor dem Abendrot sollst du Vergebung üben.

Ihnen ist bewusst: Wenn ich voller Groll gegen meinen Nächsten einschlafe, wird am nächsten Morgen schon ein kleiner Funke genügen, um die Auseinandersetzung mit ihm zur Eskalation zu treiben. Mutter Teresa war sich deshalb sicher, wir brauchen keine Bomben und Gewehre, um Frieden zu bringen, wir brauchen viel dringender mehr Liebe und Barmherzigkeit in dieser Welt.

Schon früher habe ich erwähnt, dass Vergebung zunächst einmal die Fähigkeit ist, den anderen zu akzeptieren, statt ihn immer wieder zu verurteilen. Jeder Kampf um eine bessere oder andere Meinung sät Unfrieden.

Als Beispiel für viele andere Schauplätze des Besserwissens greife ich jetzt mal die Nahrung heraus. Im Moment ist die vegane Ernährung gerade hipp und jeder redet darüber. Wie gesagt, jeder soll nach seiner Façon glücklich werden und meine Kinder sind seit ihrer Geburt bekennende Vegetarier. Aber, kleiner Scherz, weißt du, woran du einen Veganer erkennst? Du musst ihn nicht erkennen, er wird es dir erzählen! Und nicht nur das, er wird dir die Vorzüge dieser Form von Ernährung aufzählen und dich überzeugen wollen, was gern manchmal in eine Form von Zwangsbeglückung ausläuft. Denken wir nochmal an die letzte Übung: Hand aufs Herz, würde eine Taube hier verweilen wollen?

Frieden beginnt immer zuerst bei dir selbst.

Die Ernährung ist nur ein Beispiel für ganz viele andere. Wenn unser Bundestrainer Jogi Löw die Aufstellung für ein Länderspiel bekannt gibt, sitzen zu Hause vor den Bildschirmen achtzig Millionen Fußballexperten, die dabei die Augen verdrehen und es besser wissen. Jede noch so kleine Äußerung eines Promis wird in den

Sozialen Medien oft übelst kommentiert und endet gar nicht selten in einem Shitstorm. Jeder hat eine Meinung und muss sie irgendwo loswerden. Gerade, als ich dieses Buch schreibe, haben sich Helene Fischer und Florian Silbereisen getrennt und alle Medien füllen nun freudigst ihre Klatschspalten damit. Das scheinen alles nur Kleinigkeiten zu sein und doch ist unser Leben ein Sammelsurium von Momenten, in denen wir ablehnen und dagegen sind. Und in der Summe bekommt diese Ablehnung dann eine durchaus politische Komponente.

Vorhin habe ich bereits eine seinerzeit positive Auswirkung genannt, die durch die gemeinsame Haltung einer großen Gruppe von Menschen hervorgerufen wurde, die Gründung der Partei Die Grünen. Ende der 1970er Jahre waren ökologische Themen wie Waldsterben und saurer Regen so präsent, dass viele Menschen sich für den Umweltschutz engagierten. Ganz natürlich wurde eine politische Partei daraus, die in der Folge viele positive Veränderungen bewirken konnte. Unser Wasser und unsere Luft sind heute viel sauberer als damals. Es ist heute eine weltweite Bewegung geworden.

Es gibt aber auch negative Auswirkungen. Schattenseiten, die du ablehnst, formen dein Schicksal. Wenn nur genügend viele, zum Beispiel ein ganzes Land, dasselbe ablehnen und bekämpfen, bestimmen sie damit nicht nur ihr eigenes Schicksal, sondern das Schicksal des ganzen Landes. In Deutschland haben Ablehnungen überhaupt erst dazu geführt, dass eine Partei wie die AfD entstand und so richtig groß wurde. In Amerika geschah Ähnliches in Bezug auf Donald Trump. Schauen wir in die Medien, finden wir immer wieder Schlagzeilen, die mit AfD und Trump zu tun haben. Durch unsere Ablehnung versorgen wir beide mit immer neuer Aufmerksamkeit und Energie. Wir begießen sie geradezu mit Wasser, und diese Pflänzchen gedeihen ganz wunderbar.

Würde sich stattdessen niemand darum kümmern, verkümmerten sie ganz schnell von ganz alleine.

So wird leicht ersichtlich, dass Anfang des zwanzigsten Jahrhunderts die Feindschaft und Ablehnung innerhalb der europäischen Staaten nur groß genug zu werden brauchten, damit Kriege entstanden. Damals waren die Zeiten aber noch andere, es ging um Ehre und Vaterland und mit dem Satz »Vor dem Abendrot sollst du Vergebung üben« konnten bestimmt die Wenigsten etwas anfangen. Genau das ist heute anders, welch großes Glück! Die Zeiten haben sich geändert, die Wirkkraft der Vergebung ist nun für viele erlebbar.

Und das macht den großen Erfolg des Vergebungsrituals Ho'oponopono aus. Denn, schlicht und einfach, wir haben es erlebt und erleben es täglich neu: Es funktioniert!

Es ist ganz allein an uns, diese unsere Kraft jetzt für den Frieden einzusetzen.

Vergebung bekommt heute eine Komponente, die die ganze Menschheit betrifft.

Frieden nimmt seinen Anfang in jedem von uns. Jeder hat die Fähigkeit, mit sich selbst Frieden zu schließen, indem er alle seine guten und schlechten Eigenschaften akzeptieren und lieben lernt. Dieser *innere* Friede wird sich anschließend in unserem Umfeld *verbreiten*. Und wenn viele Menschen auf der ganzen Welt viele kleine Dinge tun, dann ändern sie nicht nur sich, sondern wirken auf die ganze Welt.

Wir sind mit allem verbunden. Als meine Kinder sechs Jahre alt waren und eingeschult werden sollten, wurde in Deutschland gerade das Schulsystem umgestellt. Nun sollten die Jugendlichen in nur noch acht Jahren statt vorher neun bis zum Abitur gebracht werden. Heute sind die ersten dieser Jugendlichen mit dem Abitur fertig und viele von ihnen fühlen sich nach dem Lernstress völlig ausgebrannt. Sie gehen nun erstmal ein Jahr auf Weltreise oder ins Ausland. Zum Glück wurde unser Schulsystem mittlerweile in den meisten Bundesländern wieder auf die alten neun Jahre umgestellt.

Aber wir kannten ja bereits die Verständnistechnik des Hoppens und fragten uns damals: Wenn ich das Schulsystem wäre, warum würde ich mich dergestalt verändern? Und die Antworten, die wir fanden, machten uns sehr betroffen, denn im Tenor lauteten sie: »Wenn ich das Schulsystem wäre, dann würde ich der inneren Haltung der meisten Deutschen folgen, Leistung sei das Wichtigste. Ich denke, wer erfolgreich sein will, muss schnell mit der Schule fertig sein, gute Noten haben und möglichst jung ins Berufsleben einsteigen.« Was kann das Schulsystem also dafür, wenn so viele Deutsche diese feste Meinung in sich tragen? Es folgte nur, so wie alles, der Aufmerksamkeit der Vielen. Also haben wir unseren eigenen Anteil daran mit den Worten gehoppt: »Ich liebe den Teil in mir, der mit diesem strengen und rigiden Schulsystem in Zusammenhang steht.«

Eine Übung, die unsere Liebe des Herzens jetzt über die ganze Welt verbreitet, ist die folgende. Wir nehmen dabei die ganze Welt in unser Herz und schenken ihr unsere Liebe.

Das Symbol dafür ist unsere Sonne. Sie verbreitet ihre Liebe strahlend auf alles, was es überhaupt gibt auf dieser Welt, auf die Guten wie die Schlechten. Sie liebt und akzeptiert damit alles, vorbehaltlos, ohne Meinung, wie etwas zu sein hätte.

Übung: *Liebe der ganzen Welt schenken*

Atme erneut ein und aus und lege beide Hände auf dein Herz. Nimm Verbindung mit deinem Herzen auf. Wenn du das Gefühl hast, in Verbindung mit deinem Herzen zu stehen, atme in dein Herz ein und anschließend aus.

Stell dir vor, die Wärme deines Herzens, die du in deinen Händen fühlst, hätte ihren Ursprung in einer Flamme oder einem Feuer. Durch den Atem entfachst du dieses Feuer etwas mehr, ganz achtsam, als würdest du zaghaft einen Blasebalg darauf richten. Sieh zu, wie das Feuer größer und wärmer wird.

Und nun stellst du dir vor, dein Herz würde erstrahlen wie die Sonne am Himmel. Atme in dein Herz hinein und lass diese Strahlen auf deinen Atem überspringen, so wie eben die Liebe. Lenke deinen Atem durch deine Absicht um die ganze Welt und lass das Strahlen deines Herzens auf diese Weise um die ganze Erde scheinen. Wenn du magst, stell dir schließlich vor, die ganze Weltkugel in deinem Herzen zu tragen und mit den Strahlen der Sonne in deinem Herzen zu erwärmen. Wie fühlt es sich an, die ganze Erde ins Herz zu nehmen? Beende die Übung, wenn es sich für dich richtig anfühlt.

Eine kleine Erfolgsgeschichte (9)

In einem Ferienseminar im Schwarzwald hatte eine Teilnehmerin namens Gerda das Problem, dass sie in einem Haus lebte, das für eine neue Autobahntrasse abgerissen werden sollte. Die Behörde teilte ihr dies bereits vor fünfzehn Jahren mit, und seitdem wurde der Bau der Autobahn immer wieder angekündigt und dann doch wieder hinausgezögert. Gerda hat nun das nachvollziehbare Problem, während all dieser langen Zeit zwischen den Stühlen zu sitzen, denn immer ist sie in Erwartung, bald ausziehen zu müssen, kann es aber erst tun, wenn das alte Haus vom Land endlich bezahlt wurde.

Wir hoppen also das Haus: Wenn ich das Haus wäre, warum wurde mein Abriss immer wieder verschoben? Es zeigte sich dabei, Gerda mag das alte Haus, ihre Familie wohnt schon seit Generationen darin und sie hat regelrecht Schuldgefühle, weil es abgerissen werden soll. Wir nahmen alle den Teil in unser Herz, der Veränderungen nicht mag, und bereits am nächsten Tag brachte Gerda einen Zeitungsausschnitt der Lokalpresse mit, der den Bau der Autobahn nun tatsächlich in Aussicht stellte. Es dauerte noch ein paar Monate, bis der Verkauf geregelt war. Nun wohnt Gerda in ihrem neuen Haus, das sie ganz nach ihren Vorstellungen für ihre Familie und sich gestalten konnte.

Das neunte Prinzip der Liebe
Wir ernten, was wir säen.

Liebe kennt weder Zeit noch Raum. Sie wirkt über unser direktes Umfeld hinaus, selbst bis in den hintersten Winkel dieser Erde. Mit ihrer Hilfe sind wir mit allem verbunden, was auf dieser Erde geschieht, und über dieses holistische Feld wirken wir auf alles ein, was sich auf dieser Welt befindet. Unser innerer Unfriede verteilt sich ebenso wie unser innerer Friede. Liebevolle Akzeptanz der eigenen Unfähigkeit führt deshalb dazu, irgendwann alle Fehler der anderen Menschen akzeptieren zu können und immer weniger an ihnen abwerten zu müssen. Der Friede der Welt beginnt bei uns. Wenn es uns gelingt, mit uns selbst immer mehr in Einklang zu kommen, gelingt es uns irgendwann mit der ganzen Welt.

10

Vergebung – der Meisterweg zum persönlichen Glück

»Die meiste Nachsicht übt der, der die wenigste braucht.«
– Marie von Eber-Eschenbach

»Die Menschen kommen durch nichts den Göttern näher, als wenn sie Menschen glücklich machen.« – Cicero

➤ Vergebung bekommt in unserer Neuen Zeit immer mehr Bedeutung. Im Großen öffnet sie unsere Herzen für die Möglichkeit, als Weltbürger auf einer immer »kleiner« werdenden Erde künftig in Harmonie und Frieden leben zu können. Im Kleinen stellt jede neu hinzugekommene Fähigkeit, den anderen Menschen neben mir akzeptieren zu können, einen weiteren Pflasterstein dar auf dem Weg unserer Reise hin zu unserem Ziel, zu werden, was wir wirklich sind. Vergebung schafft uns ein Bewusstsein dafür, nur gemeinsam an dieses große Ziel gelangen zu können.

Und dort, wo es uns an Vergebung noch mangelt, stehen wir uns selbst am heftigsten auf den Zehen und behindern uns dadurch selbst am meisten.

Jedem von uns stellt sich in jedem Moment seines Lebens die immer gleiche Frage: Ist das Glas nun halbvoll oder halbleer? Beides ist interessanterweise richtig, es kommt einzig und allein auf unsere Sichtweise an. Wer trifft diese Entscheidung über voll oder leer, wer nimmt diese Bewertung vor? Wer betrachtet und beobachtet dieses Glas, gefüllt mit Wasser, wessen Augen sind es, die das Glas erst zu dem machen, was es für uns ist? Wir selbst sind es! Wir sehen auf dieselbe Weise in die Welt hinaus, wie wir uns selbst betrachten.

Das bekannte Beispiel des zur Hälfte gefüllten Glases symbolisiert die gesamte Dualität, in der wir alle gemeinsam leben. Im ewig währenden Spiel von Licht und Schatten blicken wir ständig irgendwo hin und sehen, was wir sehen wollen. Da es immer dieselben Augen sind, nämlich entweder deine oder meine, messen wir den anderen auch immer an denselben Maßstäben, wir betrachten ihn anhand derselben Richtlinien, Glaubenssätze, Vorstellungen und Meinungen, wie etwas zu sein hat, die wir auf uns selbst anwenden. Wenn wir selbst unsere größten Kritiker sind, dann zeigt dies nur, wie schlecht wir die anderen und die Welt da draußen bewerten. In Bezug auf uns selbst werden wir uns dessen vielleicht nur am stärksten bewusst. Bei anderen spüren wir es (zum Glück) nicht ganz so sehr.

Die größten Kritiker des eigenen Verhaltens sind wir selbst.

Jeder Mensch ist ein Gesamtkunstwerk. So wie uns das Wetter manchmal Regen und manchmal Sonne beschert, hat auch jeder Mensch gleichermaßen gute wie schlechte Eigenarten. Ich kann mich über den Regen ärgern und dann wieder über die Sonne. Und immer so weiter. Aber die Praxis, zu vergeben, hat mir im Laufe der Jahre gezeigt, dass Licht nicht ohne Schatten existieren kann. Ja, mehr noch, wo der Schatten besonders stark auftritt, da muss das Licht genauso stark scheinen. Genie und Wahnsinn liegen dicht beieinander, daran ist wohl wirklich viel Wahres. Und ein Genie schlummert in jedem von uns – wenn es uns gelingt, den persönlichen Wahnsinn zu entdecken, der in unserer verqueren Sichtweise auf diese Welt verborgen liegt.

Durch meine Behauptung, das Glas sei halbleer, mache ich es erst dazu: mehr leer als voll. Und ich schenke ihm dadurch den eigenen Mangel, der da lautet: Ich bin nicht gut genug, in meinen Augen. Darum sehen wir es am Glas dann genauso: Es ist nicht genug. Vergebung wird damit zur vielleicht größten Kunst, die wir in unserem Leben erlernen dürfen. Ich verzeihe mir durch Vergebung nämlich meine Fehler, die mich nicht gut genug sein lassen. Ich akzeptiere mich und sehe mich mit anderen, liebevolleren Augen.

In dem Augenblick, wo ich mich ganz okay und annehmbar finde, wird dasselbe Glas plötzlich halbvoll. Ich akzeptiere mich nun voll (und ganz), und diese neu gewonnene Fülle überträgt sich auf dieses unscheinbare Glas. Und damit auf mein ganzes Leben.

Meine Sichtweise auf diese Welt hat vor allem damit zu tun, wie ich mich selber sehe.

Erinnerst du dich noch an den Spruch meiner Kinder: Was du vom anderen sagst, bist du selber? Wenn ich durch Akzeptanz und Vergebung zu einer neuen Sichtweise des anderen finde, rede ich anders über ihn, und zwar besser! Und dieses Gute kann ich erst dann dem anderen schenken, wenn ich mich selbst als ebenso gut einschätzen kann. Im Spiegel des anderen sehe ich mich selbst. Und das in einem weit größeren Ausmaß, als mir bisher klar war. So, wie ich mich sehe, sehe ich auch den anderen. Und das betrifft den Menschen an meiner Seite, das Wetter, das Haus, das Auto und schließlich die ganze Welt.

Durch die wachsende Fähigkeit zur Vergebung werden wir gütiger im Umgang mit unseren Macken und Unarten, und diese steigende Barmherzigkeit wird ganz automatisch unserer Umwelt zuteil. Ich werde in meinen Augen gut und besser, und der andere Mensch, ja mein ganzes Leben, wird mit einem Mal ebenfalls bunter und schöner.

Je mehr ich mich annehmen und mir meine Fehler verzeihen kann, desto besser gelingt es mir auch mit meiner Umwelt.

Im Leben von Nelson Mandela, dem späteren Präsidenten von Südafrika, gibt es den Moment, als er in seine Zelle geführt wurde. Er wusste noch nicht, dass er hier sechsundzwanzig lange Jahre verbringen würde, aber ihm war klar, es würde lange sein. Und er traf eine Entscheidung: Er ging in diese Zelle mit dem festen Vorsatz, innerlich frei bleiben zu wollen. Er übte sich in Vergebung. Denn erst, wenn es seinen Gegnern gelingen würde, auch seinen Geist und seine Seele einzusperren, hätten sie ihn wirklich bezwungen. Und das erlaubte er ihnen nicht. Also blieb er geistig unabhängig, studierte während seiner Gefangenschaft und bereitete sich auf seine Freilassung vor. Wie großartig diese innere Leistung war, zeigte sich später in seiner bewundernswerten Art, als Präsident das im Hass verfeindete weiße und schwarze Südafrika zu vereinigen.

Vielleicht meinst du jetzt, na toll, mir wäre das bestimmt nicht so gut gelungen. Das mag ja sein. Aber glaube mir, ich befasse mich nun bereits seit mehr als zehn Jahren mit Vergebung und darf sagen, es ist in unserer Neuen Zeit wirklich viel einfacher geworden. Damals, zu Anfang des neuen Jahrtausends, kurz nach der Zeitenwende, waren die alten Glaubenssysteme noch viel ausgeprägter als heute. Der Virus des Guten ist jetzt schon viel weiter verbreitet. Immer mehr Menschen lösen ihre Probleme mittlerweile erfolgreich einfach dadurch, dass sie in ihr Herz gehen und Vergebung üben.

Vergebung ist heute zu einer großen Bewegung geworden.

Diese Welle ist inzwischen sogar bis in unsere Führungsetagen geschwappt. Und das freut mich ganz besonders. Immer wieder finden moderne Firmenchefs zu mir, die von der wundersamen Wirkung der Vergebung gehört haben, und tragen sie in ihre Unternehmen. Das finde ich wirklich bemerkenswert, denn in meiner Zeit als Angestellter habe ich festgestellt, wie sehr unter den Mitarbeitern vor allem über den Chef geschimpft und schlecht geredet wird. Das eigene Gefühl, nicht genug zu sein, wird eben gern ganz nach oben übertragen, von den Promis der Hochglanzbroschüren und den Shitstorms der sozialen Medien war diesbezüglich ja schon die Rede.

Wenn das Ego eine bekannte und große Persönlichkeit abwertet, macht es sich im Vergleich dazu noch viel größer, denn es schaut dadurch auf diesen Promi herab. Wenn ein Chef also beginnt, Vergebung in die Firma und seine Führungsriege zu bringen, tritt er aus dieser Resonanz heraus und akzeptiert sich selbst. Er nimmt die offenen und verdeckten Anschuldigungen als Gelegenheiten, zu vergeben, und setzt so den Keim zu einer wahrhaftigen Verbesserung in der Firmenkultur.

Eine Übung, die ich in so fortschrittlichen Unternehmen gern anbiete, ist die folgende:

Übung: *Das Wesen deiner Firma*

Mache diese Übung doch gleich mal für deine Firma mit, egal, ob du angestellt oder selbständig bist. Sie ist eine Variante der Verständnistechnik.

Lege beide Hände auf deine Brust, atme ein paar Mal ein und wieder aus und verbinde dich mit deinem Herzen. Visualisiere dann wieder den See, der ganz ruhig daliegt und auf dem sich das Sonnenlicht spiegelt. Werde innerlich ebenfalls ganz ruhig und still. Frage nun in dieser Stille dein Herz: Wenn ich meine Firma wäre, was wäre mein größter Wunsch? Was wünsche ich mir für mich und meine Mitarbeiter am meisten? Und lass die Antwort wieder aufsteigen vom Grund des Sees. Mach dich innerlich leer und spüre, was sich in dir zeigen möchte. Beende die Übung, sobald du etwas gefunden hast.

Die Antworten, die dabei auftauchen, ähneln einander meistens: Wenn ich die Firma wäre, würde ich vor allem wollen, dass die Mitarbeiter gern und mit Freude zur Arbeit kommen. Mit dem

Geld, das ich ihnen dafür bezahle, sollen sie sich Dinge erlauben können, die ihnen Spaß machen und für sie förderlich sind. Ich als Firma mag meine Mitarbeiter, sie sind genau wie das Blut in einem menschlichen Körper unablässig für mich unterwegs, versorgen mich nach Möglichkeit und stellen sicher, dass ich am Leben bleibe. Wenn es ihnen gut geht, geht es mir auch gut. Also wünsche ich ihnen nur das Allerbeste!

Wenn ich diese Übung in einer Firma mache, spielt ganz schnell ein Lächeln um die Lippen der Anwesenden. Viele sind nicht bloß mit dem Chef, sondern auch mit der Firma unzufrieden, deren Stellvertreter er ja nur ist. Dieses halbleere Glas füllt sich mit Hilfe dieser Übung und die Beziehung der Mitarbeiter zu ihrer Firma verbessert sich schlagartig. Auch der Chef erscheint so in einem ganz anderen und besseren Licht.

Vergebung ist heute sogar schon in den Chefetagen angekommen.

Über kurz oder lang wird sich die Sinnhaftigkeit der Vergebung in unseren Herzen und Köpfen etablieren. Es gibt schon den Chef, der bereit ist, Vergebung als Baustein der Mitarbeiterführung einzusetzen, und der dadurch seine innere Haltung verändert, und es gibt immer mehr Menschen, die es ihm gleichtun. Um diese Kondensationskeime herum kristallisiert sich das neue Bewusstsein und steckt immer mehr Neugierige an, die es ausprobieren möchten. Zum Glück wirken die Personen, die bereits Akzeptanz und Vergebung praktizieren, durch ihre Resonanz auf die Gruppe ein, in der sie leben. Und werden damit zu Vorreitern und Vorbildern für andere, die ihnen folgen. Einfach, weil sie glücklich sind.

Vergebung macht uns zu dem, was wir wirklich sind. Die Liebe und die Akzeptanz, die wir dabei ausüben, öffnet unser

Herz und verbindet uns mit seiner Schöpferkraft. Wir entdecken unser wahres Potenzial und lernen, mit uns und unserem Leben immer mehr in Einklang zu kommen. Wir erkennen endlich: Dort, wo es uns noch nicht gelingt zu vergeben, hindern wir uns selbst am allermeisten. In unseren Ablehnungen und Widerständen stellen wir uns gegen das Leben selbst. Wir sagen, dies und jenes sei nicht gut, und wehren uns gegen all das, mit dem das Leben uns beschenken möchte.

Wer jetzt immer noch denkt, gegen die Umstände seines Lebens ankämpfen zu müssen, der kann und wird dies auch weiterhin tun. Jedoch mit immer geringeren Erfolgsaussichten. Dieser Kampf beruht nämlich vor allem auf dem alten Glauben daran, alles selbst und allein aus eigener Kraft bewältigen zu müssen. Damit stellt man sich aber auf verlorenen Posten. Die alten Glaubenssätze werden in unserer Neuen Zeit gegen neue Denkweisen ausgetauscht, die uns vermitteln: *Du musst es nicht alleine tun. Dir steht die Liebe mit ihren ungeahnten Möglichkeiten zur Verfügung.*

Lass die Liebe wirken, lade sie ein in dein Herz.

Darum ist die Wiederentdeckung des jahrtausendealten Vergebungsrituals Ho'oponopono so wichtig. Für mich stellt es mittlerweile nicht nur die zurzeit beste Art und Weise dar, Probleme in meinem Leben aufzulösen, nein, es ist mehr zu einer regelrechten Lebenseinstellung geworden. Es ist die vielleicht hilfreichste Methode, meinen inneren Regler immer wieder und hoffentlich bald dauerhaft von der Selbstsabotage hin zum persönlichen Glück zu verstellen.

Neale Donald Walsch hat in seinen Büchern ein Gleichnis verwendet: Man könne das Universum als eine Art Kopiermaschine sehen, die unsere Gedanken vervielfältigt und so manifestiert.

Wollen wir die Welt verändern, genügt es folglich, neue Gedanken auf den Kopierer zu legen. Wenn unsere Gedanken früher voller Ablehnung und der Meinung waren, nicht gut genug, schlecht, böse oder falsch zu sein, dann hat dies Situationen kreiert, in denen wir eben das erfahren haben. Verstellen wir den kosmischen Regler in unserem Inneren stattdessen auf Akzeptanz, geschehen mehr gute und positive Dinge.

Anna, eine gute Freundin von mir, hat dieses Prinzip ganz und gar verinnerlicht und benutzt dabei einen Trick. Da sie nie sicher sein kann, was in ihrem Inneren so alles an unbewussten Glaubenssätzen und Programmierungen unterwegs ist, geht sie den umgekehrten Weg und betrachtet fasziniert ihre Umwelt und damit das, was der Kopierer so alles ausspuckt. Denn ganz offenbar hat sie ihn, wie auch immer, damit zuerst gefüttert. Vor kurzem bekam sie zum Beispiel ein tolles Belobigungsschreiben von ihrem Chef, das an die ganze Führungsetage ihrer Firma weitergeleitet wurde. Anna war natürlich außer sich vor Glück, überlegte aber gleich darauf, wie sie sich das erschaffen hatte. Sie entdeckte die Resonanz, denn nur wenige Tage vorher hatte sie einen Mädelsabend mit ihren Freundinnen abgehalten und dabei ihren Chef in den höchsten Tönen gelobt und von ihm geschwärmt. Nun erhielt sie zurück, was sie ausgesät hatte.

Sie erzählte mir später die ganze Geschichte und verriet mir dabei, wie sie überhaupt mit ihrem Chef und ihren Kollegen umgeht. Grundsätzlich übt sie sich darin, das Gute in ihrem Chef zu entdecken und das Glas damit halb voll zu sehen. Immer dann aber, wenn sie keimende Ablehnung und Zickigkeiten gegen ihn in sich feststellt, erinnert sie sich an den kosmischen Kopierer, geht in die Akzeptanz und nimmt den Teil in ihr Herz, der mit diesem Widerwillen zu tun hat. Das gelingt ihr sicher nicht immer, aber immer öfter. Und wenn sie sich dann vorwirft, manchmal noch in alte nörgelige Zeiten zurückzufallen, nimmt sie auch den Teil in ihr Herz, der kritisch ihr selbst gegenüber ist.

Anne hat durch diese Haltung dem Leben gegenüber eine sehr positive Ausstrahlung angenommen. Ihre Augen leuchten und sie sagt selbst von sich, dass sie wirklich viel glücklicher ist als früher. Die Chefs und Kollegen bekommen das natürlich mit. Kürzlich gab es eine Weihnachtsfeier und daran nahm auch einer der Vorstände der Firma teil. Er kam eigens aus dem Ausland angereist, weshalb er Anna noch gar nicht kannte. Beim Tanzen verwickelte er sie in ein Gespräch und wollte von ihr wissen, was sie denn so machen würde, ihre gute Ausstrahlung spreche ihn sehr an. Er wurde neugierig, wie sie dazu gekommen war. Anna erzählte mir mit einem Augenzwinkern davon.

Nun kommen wir zur wichtigsten Konsequenz der Fähigkeit, akzeptieren und vergeben zu können: *Es macht uns einfach glücklich!* Untersuchungen der Sozialforschung haben gezeigt, welche Eigenschaften und besonderen Fähigkeiten Menschen auszeichnen, die sich selbst als besonders glücklich einstufen. Auffallend viele dieser Eigenschaften finden sich auch bei Personen, die gelernt haben, zu vergeben.

Hier eine kleine Auflistung davon:

- *Eigenverantwortung.* Ich fühle in mir die Kraft, mein Leben nach eigenen Kräften gestalten zu können. Statt zum Opfer der Umstände zu werden, nehme ich die Dinge des Lebens selbst tatkräftig in die Hand. Menschen, die vergeben können, hadern darum viel weniger mit ihrem Schicksal.
- *Problemlösungskompetenz.* Eng damit in Zusammenhang steht, mich meinen Problemen unverzüglich zu stellen und sie nicht mehr auf die lange Bank zu schieben. Mit Hilfe des Hoppens habe ich die Möglichkeit, meine Probleme ins Herz zu

nehmen, sobald sie sich zeigen. Und oft lösen sich diese Probleme schon bald darauf in Luft auf. Wenn ich aus eigener Kraft ein Problem zu lösen vermag, macht mich das glücklich, ist doch klar!

- *Entscheidungsfähigkeit.* Beide Kompetenzen, die der Eigenverantwortung wie auch die, Probleme lösen zu können, schenken mir ein größeres Selbstbewusstsein. Ich traue mir dann zu, schneller Entscheidungen zu treffen, da mich das lange Herumlavieren belastet und es keine Freude macht. Außerdem habe ich den Mut, zuzugeben, wenn ich eine falsche Entscheidung getroffen habe. Ich bin immer in der Lage, diese Entscheidung zu revidieren und eine neue zu treffen.
- *Glaube an eine übergeordnete Macht.* Die Praxis der Vergebung, die ich durch das Hoppen bekomme, macht mir die Kraft der Liebe und Akzeptanz bewusst und schenkt mir den festen Glauben an eine übergeordnete Macht in meinem Leben. Ich würde sogar sagen, ich glaube und vertraue dann der Kraft der Liebe.
- *Bindungsfähigkeit.* Und last but not least ist doch sonnenklar, dass die Fähigkeit, vergeben und andere akzeptieren zu können, mich zu einem fabelhaften Freund und Zeitgenossen werden lässt. Andere Menschen sind gern in meiner Nähe, meine Freundschaften sind stabil und dauerhaft. Auch das ist ein weiterer guter Grund, voll und rundum glücklich zu sein!

In der Neuen Zeit wird uns immer deutlicher werden, wie wichtig die Kunst zu vergeben für ein glückliches, zufriedenes Leben ist. Ausgestattet mit der Fähigkeit, vergeben und akzeptieren zu können, muss ich niemandem mehr die Schuld geben und bin bereit, selbst die Verantwortung für mein Leben zu übernehmen. Ich gehe mit Hilfe meiner Akzeptanz gütig mit anderen Menschen um und ernte darum auch von ihnen das Gute. In der Resonanz zu anderen Menschen arbeite ich dadurch schöpferisch an meiner glücklichen Zukunft mit. Wenn ich gütig in den Wald hineinrufe, schallt es mir auch ebenso gütig wieder zurück.

Gandhi sagte Ähnliches mit den Worten:

Die Zukunft hängt davon ab, was du heute tust.

Übung: Der Raum des Friedens

Wenn du mit einem Menschen in Konflikt bist und keine Lösung mehr findest, kann dir diese Übung sicherlich helfen.

Zuerst verbinde dich bitte wieder mit deinem Herzen und atme ein paar Mal langsam ein und aus. Geh dann in Verbindung zu deinem Herzen und stell dir vor, du könntest beim nächsten Einatmen mit deinem Atem ins Herz hineingehen und dich hier umsehen. Du findest dich vor deinem inneren Auge in einem Raum wieder, der sehr archaisch wirkt, mit rauen Wänden und einem unebenen Boden. Es ist der Raum des Friedens in deinem Herzen. Schau dich eine Weile um, in einer seiner Ecken findest du einen groben Altar, aus Stein gehauen. Zünde eine Kerze auf ihm an.

Stell dich jetzt hinter diesen Altar und denke an den Menschen, mit dem du in Streit bist. Stell ihn dir vor, als würde er vor dir in diesem Raum stehen. Sage zu ihm: »Ich verbeuge mich vor deiner Vollkommenheit als dem Licht, durch das deine Schatten erst so stark hervortreten können.« Stell dir weiterhin vor, wie alle negativen Anteile und Eigenschaften dieses Menschen sich von ihm lösen und sich am Rand, den Wänden dieses Raumes aufstellen. Wie sehen diese negativen Anteile aus?

Schließlich haben alle Anteile dieses Menschen ihren richtigen Platz gefunden und es kann Ordnung in deinen Gefühlskörper kommen. Du kommst mit diesem Menschen in Frieden und kannst endlich die guten und wunderbaren Anteile dieses Menschen erkennen. Wie sieht dieser Mensch nun für dich aus? Wie ist dein Gefühl jetzt, wenn er vor dir steht? Beende die Übung, wenn es sich für dich richtig anfühlt.

Eine kleine Erfolgsgeschichte (10)

Seit der elften Klasse besucht meine Tochter eine neue Schule in München und gleich zu Beginn des neuen Schuljahres war eine Klassenfahrt über eine ganze Woche angesetzt. Meiner Tochter war das aber zu viel Neues und sie fühlte sich gar nicht wohl, sofort mit den noch ganz unbekannten neuen Mitschülern zu verreisen. Wir sprachen darüber und machten uns ein wenig Sorgen, ob es in Ordnung sei, so einer Kennenlernfahrt fernzubleiben. Ich merkte, wie ich innerlich ein Problem daraus zu machen begann. Also nahm ich den Teil in mein Herz, der ein Problem entwickeln wollte, und gab ihm meine Liebe.

Meine Tochter fasste sich bald darauf ein Herz und sprach mit der für sie noch neuen Klassenlehrerin. Und es war dann wirklich ganz leicht. Alle fanden es zwar schade, dass sie nicht mitwollte, aber sie bekam eine Studienarbeit für die Zeit dieser Reise und besuchte im Zuge dessen ein paar Museen in München. Sie war glücklich, eine gute Lösung gefunden zu haben, und ich war es auch.

Das zehnte Prinzip der Liebe
Liebe ist der Weg und das Ziel.

Je mehr wir Liebe verschenken, desto klarer tritt das Ziel unserer Erdenreise hervor. Liebe ebnet uns den Weg dorthin und es zeigt sich, dass sie gleichzeitig das unerwartete Ziel unserer Reise ist. Die Liebe, die wir geben, wird uns selbst zuteil und befähigt uns, noch mehr in die Liebe zu gehen. So werden wir endlich die Liebe, die wir sind, was für unseren Verstand unbegreiflich ist, da wir sie doch ständig verschenken.

Doch das Gute – die Liebe, die wir geben – kommt uns als Gutes entgegen. Sie fließt zu uns zurück wie ein Echo. Wenn du und ich eins werden durch die Liebe, die wir sind, dann kommt die Liebe, die ich dir schenke, immer auch zu mir. Das ist das Geheimnis der Liebe.

Nachwort

»Der Mensch ist nie so schön, als wenn er um Vergebung bittet oder selbst verzeiht.« – Jean Paul

»Zerstöre ich meine Feinde nicht, indem ich Freundschaft mit ihnen schließe?« – Abraham Lincoln

➤ Zum Schluss möchte ich dir noch ein paar Gedanken mit auf den Weg geben. Als ich vor vielen Jahren das erste Mal mit der Weltanschauung der Hawaiianer in Kontakt kam, muss ich zugeben, brummte mir dabei schon ein wenig der Schädel. Wir alle sind gewisse Sichtweisen auf diese unsere Welt gewöhnt und darum fällt es oftmals schwer, neue Denkmodelle zuzulassen. Und so sehr dir der Schädel nach dem Lesen dieses Buches vielleicht auch brummen mag, genau daran können wir ablesen, wie jung und flexibel wir innerlich geblieben sind.

Jugendlichkeit ist für mich keine Frage des physischen Alters (ich bin schließlich auch schon in meinem 59. Jahr), sondern drückt sich viel eher durch Eigenschaften aus, die unsere Kinder ganz natürlich mitbringen und die wir niemals verlieren sollten: Offenheit, Unbefangenheit, eine gesunde Naivität und eine nie versiegende Neugier. Mögen wir darum alle freudvoll und innerlich jung bleiben, weich und formbar und damit in die Lage versetzt, den Umständen unseres Lebens so leicht begegnen zu können wie das Wasser eines Baches, das sich freudig glucksend um jeden Stein windet, dem es auf seinem Weg begegnet. Möge es uns allen auf diese Weise mühelos gelingen, das Leben als ein Spiel zu begreifen, ein vergnügliches Spiel, so voller Freude, wie es uns unsere Kinder in jeder neuen Generation ein ums andere Mal vorleben.

Liebe und Akzeptanz besitzen genau diese Eigenschaften. Statt stur auf ihrer Meinung zu beharren, nehmen sie gern selbst abwegig erscheinende Blickwinkel in ihr Herz und sagen: »Ja, so kann man das auch sehen. Das ist ebenfalls eine mögliche Betrachtungsweise.« Akzeptanz versteht es, dem anderen zu vermitteln: »Ich glaube dir. Es ist völlig okay, so zu denken. Ich respektiere deine Meinung!« So nehmen wir den anderen mit ins Boot und kommen gemeinsam weiter. Der andere Mensch fühlt sich gesehen, respektiert und geachtet. Warum sollte er sich dann mit mir streiten?

Frieden beginnt in uns selbst. Der Frieden, den jeder von uns in sich kultivieren kann, setzt sich in unserer Umwelt fort. Kultivieren hat etwas mit der Bereitschaft zu tun, daran zu arbeiten. Wie einen Garten, in dem wir Gärtner sind und der uns durch seine Schönheit Freude bereitet, sollten wir bereit sein, auch unseren inneren Garten stets zu hegen und zu pflegen. Ja, zugegeben, es ist Arbeit, wird aber sogleich durch das Universum belohnt. Die Menschen um uns freuen sich, uns zu sehen, lächeln uns an, ziehen uns ins Vertrauen. Es schenkt uns unbändige Freude, innerlich zu wachsen, und Ho'oponopono ist ein wunderbares Hilfsmittel sondergleichen, wenn es darum geht, im Garten unserer Innenwelt selbst für Harmonie und Schönheit zu sorgen. Möge uns die Liebe in unseren Herzen immer mehr dazu verführen, die innere Schönheit zu pflegen und zu entdecken, sowohl bei uns selbst wie bei den Menschen, die uns jeden Tag begegnen. Möge uns die Liebe leiten, jeden von uns auf seine Weise, um das Leben als Geschenk zu begreifen und für die täglichen Wunder, die uns auf so viele Weise geschenkt werden, immer mehr dankbar zu sein.

Damit möchte ich noch zu einigen Danksagungen kommen. Zunächst möchte ich meiner verstorbenen Frau Bärbel dafür danken, dass sie gemeinsam mit mir das Hoppen entdeckt und weiterentwickelt hat. Sie war im positiven Sinne verrückt genug, das hawaiianische Ritual mit mir gemeinsam neu zu begreifen und an die aktuelle Zeitströmung anzupassen. Danke, Bärbel, für diesen Mut, deine nie versiegende Begeisterung und deine nie zu stillende Neugier.

Danke sage ich gern auch meiner Freundin und Wegbegleiterin Waliha Cometti, ohne die dieses Buch nicht denkbar gewesen wäre. Viele der hier vermittelten Gedanken und Übungen gehen auf Seminare zurück, die ich in den letzten zwei Jahrzehnten bei ihr besuchen durfte. Sie hat ein eigenes Buch zu ihrem Werdegang und ihrer wunderbaren Arbeit geschrieben, das ich sehr empfehlen kann: *Meine Schule der Engel*, erschienen im Goldmann Verlag (www.waliha.ch).

Danken möchte ich nicht zuletzt den vielen Teilnehmern meiner Vorträge und Seminare zum Ho'oponopono. Ohne sie und ihre Bereitschaft, diese noch junge Vergebungstechnik auszuprobieren, wären die vielen schönen und bereichernden Erfahrungsberichte in diesem Buch nicht möglich gewesen. Danke auch an die Leser meiner Bücher, die auf diese Weise meine Arbeit unterstützen und weitertragen. Danke, dass es euch gibt!

Ich wünsche dir viel Glück auf deinem Weg, möge die Liebe dich dabei allzeit leiten und begleiten!

Aus dem Herzen

Manfred Mohr

Hilfen beim Üben

Erfahrungsgemäß können sich beim Üben des Hoppens Fragen einstellen. Darum möchte ich dir an dieser Stelle eine kurze Übersicht von Hilfen anbieten, die dich beim Üben unterstützen können. Weitere ausführliche Infos dazu findest du auf meiner Internetseite www.manfredmohr.de unter dem Menüpunkt »Ho'oponopono«.

• Zum Thema habe ich bereits einige Bücher schreiben dürfen, die sich weiter hinten finden. Besonders hinweisen möchte ich auf *In 30 Tagen Hoppen lernen*, in dem ich den gleichnamigen Online-Kurs beschreibe. Das Buch ist wie der Kurs in dreißig Abschnitte beziehungsweise Tage gegliedert. Jeder Tag besteht aus einigen Seiten Text zum hawaiianischen Vergebungsritual, der dir immer wieder einen neuen Einblick in die Sichtweise der Hawaiianer ermöglicht. Abgerundet wird jeder Tag durch eine praktische Übung. Erschienen ist das Buch im Lebensraum Verlag.

• Zur doppelten Verständnistechnik sind besonders in unserem ersten gemeinsamen Buch ganz viele Beispiele zum Mithoppen enthalten. Wenn du anhand dieser Beispiele üben möchtest, empfiehlt es sich. Es heißt *Cosmic Ordering – die neue Dimension der Realitätsgestaltung aus dem alten hawaiianischen Ho'oponopono* und ist im Koha Verlag erschienen.

• Zur Herzenstechnik möchte ich dir gern die CD *Verzeih Dir – Die schönsten Meditationen, um Frieden mit sich selbst und anderen zu schließen* ans Herz legen. Auf ihr sind zahlreiche Übungen enthalten, die ich selbst eingesprochen habe und die dich mit deinem Herzen enger verbinden können. Diese Aufnahme ist bei Ullstein erschienen.

• Wenn du gern das Hoppen von mir persönlich lernen möchtest, bist du herzlich eingeladen zu meinen Vorträgen und Workshops. Termine findest du auf meiner Internetseite.

Liste der beschriebenen Übungen

Die 10 Prinzipien der Liebe

Bibliografie

Bücher von Manfred Mohr

Bestellung nicht angekommen: Die größten Irrtümer beim Wünschen, Goldmann Verlag, München 2014

Bestellungen beim Universum heute: Neues Wünschen in einer neuen Zeit, Omega Verlag, Güllesheim 2018

Danke für die Lieferung: Wie das Universum uns immer aufs Neue beschenkt, Goldmann Verlag, München 2015

Das kleine Buch vom Hoppen, Schirner Verlag, Darmstadt 2013

Das Wunder der Dankbarkeit: Wie Wertschätzung das Leben verwandelt, Verlag Gräfe und Unzer, München 2012

Das Wunder der Selbstliebe: Ein Jahresbegleiter auf dem Weg zu deinem Herzen, Tischaufsteller, Verlag Gräfe und Unzer, München 2013

Deine Zahlen, deine Sterne: sich selbst erkennen, andere verstehen, Omega Verlag, Güllesheim 2019

Der Bambus-Effekt: Durch gefühlvolle Akzeptanz über sich selbst hinauswachsen, Knaur Verlag, München 2017

Die Wunderkraft des Segnens, Nymphenburger Verlag, München 2015

Endlich zu Hause in mir: Das 7-Schritte-Programm zur Selbstliebe, Knaur Verlag, München 2018

Gebete ans Universum: Wie wir Hilfe für die wirklich wichtigen Dinge im Leben erhalten, Goldmann Verlag, München 2016

In 30 Tagen hoppen lernen, Lebensraum Verlag, Bramberg 2015

Mit dem Herzen segnen, Koha Verlag, Burgrain 2014

Verzeih Dir! Die schönsten Meditationen, um Frieden mit sich selbst und anderen zu schließen, Hörbuch, Ullstein Verlag, Berlin 2014

Verzeih Dir! Inneren und äußeren Frieden finden mit Ho'oponopono, Ullstein Verlag, Berlin 2014

Wunschkalender 2020 (mit Pierre Franckh), Koha Verlag, Burgrain 2019

Bücher von Bärbel und Manfred Mohr

Bestellungen aus dem Herzen: Wie die Liebe den Wünschen Kraft verleiht, Omega Verlag, Aachen 2010

Cosmic Ordering: Die neue Form der Realitätsgestaltung nach dem alten hawaiianischen Ho'oponopono, Koha Verlag, Burgrain 2008

Fühle mit dem Herzen und du wirst deinem Leben begegnen, Koha Verlag, Burgrain 2007

Das Wunder der Selbstliebe: Der geheime Schlüssel zum Öffnen aller Türen, Verlag Gräfe und Unzer, München 2011

Ho'oponopono: Eine Herzenstechnik für Heilung und Vergebung, Koha Verlag, Burgrain 2013

Ausbildung zum Coach für positive Realitätsgestaltung

In jedem Jahr bietet Manfred Mohr die Ausbildung zum *Coach für positive Realitätsgestaltung* an. Sie wendet sich an alle, die intensive Versöhnungsarbeit auf lockere und leichte Weise üben möchten. Übungen zum Bestellen, zur Selbstliebe wie auch zum hawaiianischen Ho'oponopono sind wesentliche Bestandteile der Ausbildung. An vier Wochenenden werden vier Schwerpunktthemen behandelt:

1. *Heilung von Beziehungen: Ho'oponopono, das hawaiianische Vergebungsritual*
2. *Meine Beziehung zu mir selbst (I): Das Wunder der Selbstliebe*

3. *Meine Beziehung zu mir selbst (II): Wieder fühlen lernen*
4. *Meine Beziehung zum Universum: Wochenendseminar Wunscherfüllung*

Wer die Ausbildung alternativ in Form von zwei knapp einwöchigen Ferienseminaren absolvieren möchte, kann die beiden Seminarwochen »Selbstliebe und Wunscherfüllung« sowie »Selbstliebe – Wieder fühlen lernen« im Haus Lichtquell in Todtmoos besuchen. Ho'oponopono ist Teil von beiden Wochen, die jeweils im Frühling und im Herbst stattfinden. www.lichtquell.de

Näheres dazu findet sich unter www.manfredmohr.de, Stichwort »Ausbildung«.

Dr. Manfred Mohr ist promovierter Chemiker und arbeitete lange Zeit in beratender Tätigkeit für die Wirtschaft. Heute ist er als Autor und Seminarleiter tätig. Er zählt mit mittlerweile mehr als zwanzig Büchern zu den produktivsten und bekanntesten Schriftstellern im Genre Lebenshilfe. *Das Wunder der Selbstliebe* erschien im Jahr 2011 und machte ihn auch einer breiteren Öffentlichkeit bekannt. Im Mittelpunkt seiner Arbeit stehen außerdem das hawaiianische Vergebungsritual Ho'oponopono, die Wunscherfüllung sowie die Wunderkraft des Segnens. Inzwischen sind weit über eine Drittelmillion Bücher von ihm auf dem Markt, sie wurden in sieben Sprachen übersetzt. Manfred Mohr war mit der im Oktober 2010 verstorbenen Bestsellerautorin Bärbel Mohr verheiratet und lebt mit ihren gemeinsamen Zwillingen in der Nähe von München. Er führt ihr geistiges Erbe weiter.

www.manfredmohr.de

Prof. Dr. Hanno Steckel

NICHT ÜBERS KNIE BRECHEN

Die kritische Zweitmeinung zur Knie-OP

Praxisteil mit konservativen Methoden und Übungen gegen Kniebeschwerden

INHALT